New life
14

New life 14

願望煉金術

即刻頓悟，心靈科學之父啟發內在力量的精采對話

ATTAINING YOUR DESIRES
BY LETTING YOUR SUBCONSCIOUS
MIND WORK FOR YOU

珍娜維弗・貝倫德 GENEVIÈVE BEHREND／著　張家瑞／譯

New Life 14

願望煉金術：
即刻頓悟，心靈科學之父啟發內在力量的精采對話

作　　者　珍娜維弗・貝倫德（Geneviève Behrend）
翻　　譯　張家瑞
封面設計　林淑慧
主　　編　劉信宏
特約編輯　賴文惠
總 編 輯　林許文二

出　　版　柿子文化事業有限公司
地　　址　11677臺北市羅斯福路五段158號2樓
業務專線　（02）89314903#15
讀者專線　（02）89314903#9
傳　　真　（02）29319207
郵撥帳號　19822651柿子文化事業有限公司
投稿信箱　editor@persimmonbooks.com.tw
服務信箱　service@persimmonbooks.com.tw

業務行政　鄭淑娟、陳顯中

初版一刷　2018年7月
定　　價　新臺幣280元
I S B N　978-986-96292-3-2

歡迎走進柿子文化網 http://www.persimmonbooks.com.tw
搜尋　柿子文化
粉絲團搜尋：小柿子波柿萌的魔法書店　柿子出版

國家圖書館出版品預行編目(CIP)資料

願望煉金術 : 即刻頓悟，心靈科學之父啟發內在力量的精采對話/ 珍娜維弗.貝倫德(Geneviève Behrend)著 ; 張家瑞譯. -- 一版. -- 臺北市 : 柿子文化, 2018.07
面 ;　公分. -- (new life ; 14)
譯自 : Attaining your desires by letting your subconscious mind work for you
ISBN 978-986-96292-3-2(平裝)

1.潛意識 2.潛能開發

176.9　　107008027

推薦序

你怎麼想，事情就怎麼發展

AKASH 阿喀許／知名心靈導師、靈氣師父

如果你喜歡《祕密》這本書，如果你相信吸引力法則，那你絕對不能錯過《願望煉金術》這本原汁原味的百年經典作品。

這本書不像一般市面上討論吸引力法則的書一面倒地充滿「正面」能量，它反而比較沉靜，而帶點科學性的解構，但又不失其溫度，沒有過度誇大的描述，更沒有與現實太多差距的戲劇性情節。作者只是有條不紊地告訴你一個事實：一個人怎麼想，情況就怎麼發展。

假如你的創造力被意志適當的掌握，就一定能產生相對應的物質形式——即所謂心想事成的原理。

本書以傳統經典智者與弟子的對話方式進行，讀起來更能體會與大師同在的感覺，這樣子一問一答來解答許多「如何得到你想要」的祕訣，以及在過程中面對種種逆境或不利情況時，所需要的心靈提醒，可說是靈性與理性兼具。

一本良善的心靈學習指南

上官昭儀／療癒科學教育家、美力系統創辦人

「科學思考」是當今心智世界中實踐價值最重要的方法，但若沒有配合「善」的精神層次，也無法真實掌握並控制意念，更無法達成實踐美好的結果。思想的力量是我們內心的神之國度，習慣性思考往往創造了我們的成功或失敗。在過去攻讀哲學時，我深深感覺到思考的方法，像是人生旅途中重要的交通號誌，後來也是我從事療癒科學的教育工作時，更深刻體會到足以影響每個人關鍵性的轉捩點。

所有偉大的哲人聖者，往往具備了幾個特質：喜好在大自然中靜思，誠實有愛，容易在出神或夢境中得到啟發，托沃法官也不例外。

而我們在思考生命的力量時，往往也需要追隨值得信賴的導師，如果遇上有

能力直指人心、引導我們得以深刻體悟真理的人，那我們真的應該好好追隨，緊緊跟著，絕不放棄。

我自己的人生中也幸運的遇過幾位這樣的高人導師，受惠終生，所以可以理解這種機緣和美好的感受，而現在我們的機會更多，因為只需要透過書籍，就可以和哲人聖者在精神的世界中交流，相遇，得到指引。

在取得本書書稿時，我正好在臺灣舉辦我創辦的療癒科學講師班的年度傳承大課，在培訓弟子的過程中，和本書作者對弟子的諄諄教誨如出一轍，在課程結束的最後，執行長帶領大家一起向我致敬時，大家已經哭花了臉，學生們的尊師重道，正如同本書中提到的精神信仰力，為他們自己帶來了實現願望的能力。

我會鼓勵每一個我的學生，把本書當作搭配療癒科學課程的心靈學習指南，並藉以鍛錬意志，得到克服逆境的指導方法，以獲得能量與追求目標的強大心智能力，實現他們的人生願望。

思想的高度，決定你這家「人生股份有限公司」顯化的程度！

王莉莉／《啟動夢想吸引力》作者、零阻力股份有限公司營運副總

十年前因緣際會成了暢銷自助書《祕密》相關系列書籍的譯者，這十年來，透過吸引力法則、心靈科學所學，將之化為行動，讓我實現了不少夢想，例如，買到夢想中的歐風別墅、成為作者、公費遊學、孕育下一代……。取之於社會，用之於社會，受邀為此書寫推薦序時，一看到內容簡介提到作者有被朗達・拜恩引用於《祕密》中，就決定推薦了。

不過，依然要發揮追根究柢的精神，果然在「強效的方法——觀想」篇中找到引用處：「每個人都在觀想，不論他自己曉不曉得。觀想，是成功的大祕密。」（《祕密》p.100）

我其實很入世，瀏覽本書目錄看到「上帝與公司」、「房子所代表的意義」這種類比的標題時，眼睛便為之一亮，尤其特別喜歡這段：

「……生命的法則就像上帝與公司。你是公司，而且假如你想從合夥關係中獲利的話，你當然不可能是無所是事的合夥人。你負責的部分很重要，宇宙的神聖能量圍繞著一個具體的中心才得以運作，而你要支援供應這個具體中心，你有很多事情要做。」

換句話說，在管理你自己這家「人生股份有限公司」時，你無法做個只出錢、不管事的合夥人。

而「房子所代表的意義」則根基於我們每個人內心對於「被保護」的渴望或需求，這份精神會吸引到我們最想要的房子具體顯化的所有必要條件。回頭看，當年用人生的第一桶金買下自己夢想的房子，真的很符合這段描述。

本書用「柏拉圖式」的對話記錄（即「智者」VS.「弟子」），這樣的呈現比較輕鬆易讀，即便分屬不同世代，但人類的問題其實是有共通性的。

最後一部分「無時無刻的幫助」，則很特別地結合了「身、心、靈」相互作用，告訴讀者在不同的情緒浮現時，分別可搭配的具體行動，例如：憤怒時深呼吸；焦慮時盡快到戶外待在一個空曠的地方（之前擔任一個社群App總經理期間，無意中做對這招，還真的有效！）；猜忌時盡量常多走遠路；自責時可以做一下身體下彎的動作，並以指尖碰觸地板。

正如《願望煉金術》總結所說的，「獲得願望的最大吸引力是想法」，所以透過本書，你將學會如何掌握實現願望的各種想法，以及把想法付諸實行的勇氣，就能確實掌握這門「願望煉金術」！

題辭

「一個人絕對不會喪失他的美好！曾經存在的美好，也會如同之前一樣。」

——布朗寧（Robert Browning）註

「我知道神一切所做的都必永存，無所增添，無所減少……現今的事早先就有了，將來的事早已也有了，而且神使已過的事重新再來。」

——《傳道書》3: 14-15

這些話代表我全心流露的真情，我虔誠的敬獻在他的紀念壇前，他是智者、我的授業恩師、指導者，也是我所鍾愛的朋友——托沃法官。

序言

「我們意欲、希望或夢想的所有美好，都會存在；存在的不是貌似美好的事物，而是美好本身。」

——布朗寧

「已有的事後必再有，已行的事後必再行。」

——《傳道書》1:9

歷史上千百年來的聖賢，每一位都用自己的靈魂為他的思想染上特有氣息，他們一致地告訴我們：「人是其思想的結果。」這句話體會到法則是在永恆不變的歲月經驗中建立的。

但是，一件事情要如何存在於一個人的心中，才能達到「唯有美好之事會開

註 羅勃特．布朗寧（一八一二至一八八九年），英國詩人，劇作家，主要作品有《戲劇抒情詩》、《環與書》，詩劇《巴拉塞爾士》。是英國維多利亞時代最受人尊敬的詩人之一。

花結果，以致豐功偉業和罕見的成果」？人生中的破銅爛鐵會變成能鑄幣的貴重金屬，顯然有它神奇的祕密，那又是什麼呢？

透過這本小品我想告訴你這個祕密。希望經由我的心智和靈魂的反映，能具體的呈現出我崇敬的大師——湯瑪斯．托沃法官，他以心靈所創造出來的思想。我採用的表達工具，是慎思遠慮的偉大哲人柏拉圖的所有學生都熟悉的方式：對話形式。

經過我對這個近乎超人般心智的多年研究，我堅信，這種文學形式可說是最能傳達此心靈深處意念微妙精義的方法。我知道，倘若讀者站在我的位置（學生的立場）也會同意這個看法，我要以老師告訴我的答案來答覆他們，這會使他們在學習這些課程的時候，更能興致盎然。

在這些字裡行間，我特別想傳達給你的是正確的科學思考方法，你會希望看到自己的想法能夠被實踐為有價值的成就或結果。因此，我要喚醒你內心的欲望，去嘗試使用這種科學思考方法，養成只用這些想法來思考的習慣。

除此之外，我要指引你對神的精神思路，也就是善，有更佳的理解，它會為新文明的發展劃出一道曙光。思想的快速改變使人們領悟到，這個新文明已經經由更透徹地了解人與其創造者之間的關係而展現出來。

如今，這個世代的思想重點在於：在心靈的國度裡，人是至高無上的統治者。正如一位詩人所說：「我原本可能是猛獸，但我不會墮落的。」

在致力於特意運用思想力量、使它產生我們想要的具體結果時，人類就開始了解到絕對控制的必要性。

我想要傳達這個訊息的主要動機是，讓你們更容易時時刻刻意識到，對於種種可能面臨的逆境或不利情況，其實你們本身早就擁有主導的能力。我們只需透過了解「心靈作用和物質環境之間的自然關係」，便能有意識地運用思想的創造力，來保護、導引和支援自己。

你在閱讀本書內容時，應該在字裡行間中堅定地做理性與效率的思考，才可能對每個想法的意義有透徹的領悟與理解。

思想的力量是我們內心的神之國度，不停地在肉體形式的生命中創造相應於一般持續性思考的結果。如同托沃所說：「思考是心靈的唯一作用，藉著習慣性的思考，你能夠創造相應的外在物質環境，從而創造了吸引與自身相似之物的核心，使它們依序到來，直到最後的成果展現在物質層面上。」這是我們在為思考與行為制定一個簡單及理性的準則時，所應依據的原則。我們會把這樣的思考與行為納入任何意欲達到目標的外在表現上，讓我們為這樣的結果共同努力。

珍娜維弗．貝倫德

目錄 CONTENTS

目錄
CONTENTS

第四課　讓主觀心智為你效勞／121

目錄
CONTENTS

托沃法官，一位哲學家與智者

湯瑪斯．托沃，退休的印度旁遮普邦分區法官，他是當代、甚至是橫跨任何時代擁有偉大思想與靈魂的人物之一。

已故的哈佛大學教授威廉．詹姆斯（William James）曾如此評論他的作品：「無疑是我見過最精闢的心理學論述，在思想與風格上呈現一貫清晰明確的美感，是真正經典的論述。」

《波士頓晚報》（*Boston Evening Transcript*）以社論形式評論道：「作者的作品不經意的揭露，他是在這個主題上我們所見過學識最淵博的思想家。」

已故的阿希地肯．威伯弗斯（Archdeacon Wilberforce）（註）在寫信給托沃時署

（註）阿希地肯．威伯弗斯是十九世紀末至二十世紀初聖公會牧師，有多本著作，也是英格蘭一個強大的精神存在。

名：「您滿懷感激的學生。」眾多托沃的朋友以及讚賞者都想更趨近地探究這位偉大人物，為了回應這許多的請求，我很高興能將自己隨他學習時，所見到他日常生活中的一些面向，將其呈現在各位讀者眼前。

對我而言，這也許是最有趣的部分，因為身為托沃唯一親自指導的弟子，很開心能享有這份殊榮。

一位天才的早年生涯

一八四七年，湯瑪斯．托沃出生於印度錫蘭（現為斯里蘭卡共和國），胡格諾裔，父母是英國人。當他還是個小男孩時，他被送到英國的邦斯德特文法學校（Burmshtead Grammar School）受教育，但他在那裡很不快樂，因為他無法完全適應英國學齡男孩單調而無聊的生活。

後來當他在風光明媚的澤西島繼續接受教育時，即被它的魅力所征服，因此在那裡他卯足全力的學習。

也許是他身上古老的胡格諾血液在半法式的大學校園裡找到了親切的環境，十八歲時，他的天生才智開始宣示自己的地位，他獲得了牛津大學赫特福德學院（Hertford College）的文學金質獎。

托沃完成學業之後，前往倫敦參加印度公職考試，那種考試競爭激烈，但他還是以高分錄取，並於二十二歲時回到印度，擔任副行政主管職務。而在考試期間的一個偶發事件，預言了他二十五年公職期滿後，取而代之的正式法官生涯。

年輕人，你的想法不同於一般人

那場考試的尾聲，主題之一是形上學。托沃在這個主題上完全沒有準備，因為他已經沒有時間研究，也不知道該研讀哪些相關書籍，所以那天早上他花了幾個小時的時間思索，然後就在試卷答案紙上寫下自己思索的結果。

考官看過他的答案後大為驚奇，問道：「你準備這科時用的參考書是什麼？」托沃回答：「長官，我沒有使用參考書，那都是我自己的想法。」「嗯，那麼，年輕人，」考官說：「你的想法不同於一般人，如果我沒看錯的話，我們應該會再見面。」

在印度的行政工作令他非常忙碌，在忙碌之餘、陪伴他的往往是畫布、顏料和畫筆。他擁有不平凡的繪畫天分，尤其是在海洋的主題上，而且在英國的畫展中得過好幾個獎項。他喜愛研究印度傳說中的聖墓，或是希伯來或其他古老民族的經文與聖典。在研究這些深奧的主題時，腦中所呈現的哲學思路不僅為他帶來心靈的寧靜，也讓他在生理上感受到健康快樂。

從印度法院勞心勞力的工作中退休後，他返回英國，於是慢慢地出現了一件份量達數百頁的手稿。那時他還不曉得心靈科學、基督科學、新思維或任何關於

「某某主義」的現代思想，他的見解完全是獨自思索和對許多經文深入研究的結果。現在著名的《愛丁堡講學：心靈科學》，第一版發行於一九〇四年。當時世人對它的評價，幾乎是一致贊同地推崇到極致，而他的後續著作也是如此。其中，《聖經的神祕與意義》對神職人員格外具有吸引力。

他的著作由於思想上的純粹價值，在世界各地幾乎都能大行其道，光是在美國的銷售量就超過五萬本。也許人們會驚訝的發現一個事實，自己居然能夠衷心接受這麼一位純真而風趣的作家。

對托沃的敘述

在體格上，托沃法官並不像典型的英國人，反而比較像法國人，身材中等，不超過五呎六吋或七吋（約一百六十八至一百七十公分）。他的膚色較深，眼睛小而明亮，有個大鼻子，額頭寬闊。當我認識他時，他留著下垂、夾雜些許灰色的八字鬍。他的舉止風度像個學生和思想家，就和他作品中流露出來的氣質一樣。

他的態度純樸自然，而且在各方面都樹立了中庸精神的典範。我從未見過他失去耐心或聽到他使用不和善的字眼；對於家人，他總是溫柔體貼。在家務上，他似乎完全仰賴托沃夫人。只有在熟悉的家裡，他才會完全流露出迷人的親切魅力和溫暖的情誼。

他餐後習慣在安寧的閒逸之中伴著些許幽默，和大家聊天，或帶點孩子氣地玩起家庭遊戲；他並不喜歡公眾娛樂活動。

一天晚上，在一頓有湯、羊膝、蔬菜、沙拉、甜點和酒的豐盛晚餐之後，他捲起一根雪茄，然後出乎我意料之外地遞給我，問道：「你抽菸嗎？」得到否定的答案後，他自己抽了起來。

注意到我驚訝的表情，他說：「對於你能感謝上帝的任何事情，為什麼要感到如此震驚？我會感謝上帝賜予我一根、也許兩根雪茄，但從不奢望第三根。」

在他抽完雪茄之後，他的小女兒芭蒂雅為我們演奏小提琴，我發現他整個人完全沉浸於那個美麗的和諧音韻中。演奏結束後他告訴我，雖然他非常喜歡音樂，但他根本不懂音律。

儘管托沃並不醉心於戶外活動，卻很喜愛大自然，他可以花好幾個小時的時間拿著素描本坐在海邊，或在人跡罕至的荒地裡一個人踱步沉思。他說自己的最佳靈感，有好幾次是在戶外空曠處散步時獲得的。他常常邀請我和他一起散步，雖然他似乎常忘了我的存在，而完全沉浸於自己的思緒當中。

在出神中領悟到的真理

偶爾他會沉思到心醉神迷似的出神狀況（他的馬爾他貓就在身邊的桌上），有時這樣的出神會持續幾個小時。在這種時候，他的家人會特別注意不去打擾他。當他回神之後，他會記下悟出的真理。有一次他在記事便條紙上寫下：「『我是』是具有力量的文字，如果你認為你的思想具有力量，那麼你的思想就具有力量。」

《巴奈特》和《新美國百科全書》等智識權威，在蘇格拉底的傳記中提到他有過類似的出神經驗，我想起他們兩人的雷同之處，覺得還滿有趣的。在希臘軍隊裡服役時，蘇格拉底突然發現他的雙腳像札根在泥土裡似的，他就這樣維持了整整二十四小時的沉思。一股心靈知識喚醒了他、改變了他的人生，之後也改變了許多人的一生。

這位雅典哲學家的一生與托沃的相似之處在於，他們的理論和生活秩序，大多建立在其直覺和常識之上。

托沃的學說不同於基督科學學說的地方是，他不否認物質世界的存在。相反的，他的學說主張，所有自然存在的事物都是相應於造物者思想的具體展現，一件事物一定是另一件事物的互補。

我曾問過他，一個人要如何將他教授的深奧真理再傳授給其他人。「成為其他人，」他回答：「我的座右銘是：『存在，而不佔有，才是生活中最大的樂事。』」

追隨一位值得信賴的導師

托沃法官雖然謙虛、說話靦腆，而且在表達個人意見時較為緩慢，但他總是願意討論任何當前的話題，不過他對於自己的寫作是極謹慎而保守的。就我所知，除非是要開始處理那個主題，否則他不會提到自己的寫作論述。

身為一位導師，他實在、直接，而且客觀。當我們在室內上課時，他總是坐在一張有靠背的椅子上，而且好像沒有察覺到我的存在似的，邊思考邊說出自己的想法。

要跟上他的想法，就必須從自己思想最困難、最黑暗以及最少被探索之處，去追隨一位值得信賴的導師。

當我跟上他的想法時，卻又看不清他的性格，只能察覺到他清晰、威嚴的聲音，以及那內在高舉的火炬之光。毫無疑問，他教學時所流露出自然真實的自我，原原本本呈現了他的人格與性情。

每次在我被小心的引導至最寬慰人心的結論時，導師會用與心靈旅程開始時同樣平靜、謙虛的態度溫柔提醒我。如果我有意願的話，他會給予一些可供我遵循的暗示性啟發，不過這只是出自於同行旅人的友好心意而提供的。他總是試著讓我記住，控制心靈（進而能控制環境）的每一分努力，都應該在擁有絕對成功的信心下進行。

課程的時間長短，取決於我吸收他話中之意的能力。

如果他確定我只用了十五或三十分鐘就能很自然地領悟出話中意義，例如：「如果某件事情是真實的，就自然有它成為真實事件的道理。」那麼課程就結束了。但如果我要花一小時或一小時以上才能進入他思想的精髓，那麼那一堂課就會延長。

在課程的最後，他會平靜的說道：「要記住，『追尋』的相關詞是『發現』，就如同『敲門』與『開啟』的關係。」以這句鼓勵的話作為結束後，他點上燈，步入沉沉的夜色中，走三哩路回家。

愛家的哲人

托沃是個愛家的男人，但他特別喜歡工作室和研究室的隱蔽僻靜，他會在那裡整頓自己的需求和心情。他的工作室位在距離房子最遠的地方，他會在那兒花上幾個小時以畫布和畫筆來放鬆自己。不過，他的研究室在一樓，通常在清晨的幾個小時裡，他會在那兒獨自沉思與做研究，他很少在夜裡工作。

當他渴望畫畫時，可以花上大半天的時間去戶外寫生。有一天晚餐，他沒跟家人在一起，托沃太太去找他，她在工作室裡發現他像癱瘓似的、衣著完整的躺在沙發上。大約一小時後，他過世了。醫生說死因是腦出血。我確定托沃會這麼說：「我只是從有限的世界到了無限的世界。」

他死於一九一六年五月十六日，享年六十九歲，就在同一天，阿希地肯・威伯弗斯（Archdeacon Wilberforce）長眠於西敏寺。這兩個人之間的關係非比尋常，稍候你會在托沃給我的最後一封信裡注意到。

湯瑪斯・托沃把死亡看成是從這個國家旅行到另一個國家。他跟我說過好幾次，對於身後的世界很感興趣，而且已有離開的準備，他唯一擔心的是讓太太和家人感到悲傷。當時候到了，他的離去會是他所希望的結果。我希望這一點點的私人描述，能為想要關心托沃的朋友和讚賞者提供一些訊息。

為了再多提供你一些關於他個人風格的事物，在此呈現與他寫給我第一封信的手稿一模一樣的謄本。

史丹威克路三十一號
西肯辛頓，英國

親愛的貝倫德女士：

關於你提出向我學習的事，我想有些話最好讓你知道，因為假如你有任何誤解，並因此遭受任何失望的打擊，我會感到非常遺憾。

我研究這個主題已經有七年了，對於大部分這類體系（遺憾的是，它們才是目前眾所矚目的焦點）的主要特點有一般的熟悉度，像是神智學（theosophy）、塔羅牌、卡巴拉（猶太教神祕哲學）等等。我可以毫不猶豫、很公正的說，所有所謂的奧義學研究及其主張，都與「賦予生命的真正真相」相違背。因此，你不必期待關於這些學說的任何指導。

近來我們都聽過許多關於啟蒙的事，但相信我，你越是想盡辦法要成為一個所謂的「知識初學者」，你就越沒有辦法享受生活。

經過多年嚴謹的研究和思索之後，我才敢說，《聖經》和它所揭示的基督精神是真正值得我們研究的，而且它在所有善惡觀念、信念、我們的外在生活和日常事務、生命的內在泉源，以及對於死後脫離肉體、在無形世界中對生命的一般理解上，都是一個夠份量的主題。

對於我的學說，你已表達出相當大的信心，而如果你的信心就像你所希望的那樣，如你所說，完全聽從我的指導，我只能以接受重責大任的態度去接受它。而且我必須要求你，以拒絕研究所謂的「奧義」（我會禁止你研究），來表現你的信心。

這番話出自於我的個人經驗，但我的教學其實非常簡單，也許稍微帶點個人見解，你會說你以前就聽過了大部分的東西。

對上帝、禱告、禮拜抱持信念，透過基督接近天父——這些對你來說已經有一定的熟悉度了。我能期望自己做的是，也許在這些主題上做更多、更深入的闡揚，使這些觀念對你來說，不只是刻板的文字，還是眼前活生生的事實。

我把話說得那麼明白，是因為我不希望你會有絲毫的失望。而且我要說，我們所謂的研究課程，將只是在適合的時候會自然帶到的友善談話，不管是你來我家或我到你那兒，只要是當時最方便的方式就好。

還有，我會借你幾本有幫助的書，那些書很罕見，而且絕不是奧義書。現在，如果這一切與你的想法契合，我確信，我們會很開心見你來到路昂麥諾。你會發現，這裡的居民雖少，但相當友善，鄰居也非常可愛。

可是，反過來說，如果你覺得你所嚮往的是其他的學習來源，請別介意說出來，只是你絕對找不出任何東西可以取代基督。

我相信你不會介意我寫這樣一封信給你，但我不希望你大老遠跑到這裡來，得到的卻只是失望。

祝　安康

如果你認為你的思想具有力量，
那麼你的思想就具有力量！

——一位智者的話

智者：托沃。托沃只傳授給唯一入門弟子珍娜維弗・貝倫德的托沃哲學

弟子：全人類

第一課

如何得到你想要的

「你們應明白真理，真理必定使你們自由。」

——約翰福音 8:32

真實的生命

智者：如果一件事情是真實的，就會有一個明確的方法來顯示它的真實性。生命中極致的真理就是，它的內在擁有與生俱來、不容置疑的喜悅，以及心靈、身體與社交活動的自由。

弟子：您的意思是，我對生命法則的了解，能夠使我在個人生命中得到關於完全自由的領悟？

如果一件事情是真實的，就會有一個明確的方法來顯示它的真實性。

智者：是的，如果你不會犯下只從物質觀點來評判一切這種常見錯誤的話。最近在物理科學上的研究已經證明一項事實，亦即：光是一團泥土，就擁有足以摧毀一座城市的力量。雖然所有的凡夫俗子都能看見這團無生命的泥土，但實際上，蘊藏在這個物質中的是無形偉大力量。

弟子：那麼，當我了解能量振動法則之後，就能得到任何我想要、達成任何我所欲之事嗎？

智者：生命無所不在，透過了解和運用生命的法則，你可以為創造性力量的特殊性質指點一個方向；假如這個創造性力量被意志適當的掌握，就一定能產生相應的物質形式。

每個人所想要的，便是人生中更多的自由和更多的喜悅。無論你從什麼角度研究生命這個主題，會發現各種程度的生活與自由，必定是透過各種不同等級的智慧而創造出來的。

你所稱的單調乏味生活，就是較低智慧形式所創造的生活；從植物的生命中，你會認識到較高程度的智慧。

為了說明這一點，你看看那朵花，它很美對吧？這難道不是在向你證明一個無爭的事實：宇宙的偉大智慧，用美麗、外形、顏色以及最重要的——喜悅——來表達自我？

弟子：是的。

智者：你還會發現，在動物界不難看出比展現在花之上更優越的高級生命與智慧。那麼顯現在人類心智上的創始和淘選力量，就是生命智慧最高層級的展現。所以你會看到，無生命之物、植物、動物和人類都代表同一個宇宙生命，唯一的差異是，他們的智慧等級各有不同。

舉例來說：你表現出相當高超的智慧，並欲了解生命的法則。當你發現這些法則的某一部分，然後實際運用這些發現時，你會在智慧的等級中往上躍升。

生命無所不在，透過了解和運用生命的法則，你可以為創造性力量的特殊性質指點一個方向；假如這個創造性力量被意志適當的掌握，就一定能產生相應的物質形式。

再舉一個例子：兩個人在大學畢業後、離開學校時的智慧相當，社會及經濟地位相似。他們都研讀心靈法則，也都刻苦學習。其中一人盡了極大的心力，使心靈凌駕在所有令人沮喪的情況之上，終於能夠無礙地理解文義；而另一人最後卻變得灰心喪志，連困頓的生活都難以維持。

你可以從這個例子看到這兩個人都擁有高等智慧，智慧就在那兒，但只有在獲得建設性的運用時，它才能成長。

如何以智慧的等級證明人在宇宙間的地位

智者：你的智慧會越多，你就越容易運用最高等的創造性能量。你把自己的智慧培養得越高等（我指的並不是知識或讀書，我指的是自我教育），就越會發現以前你不行、你無法成為、無法做或無法擁有的有限想法，都在不知不覺中消失了。藉著運用你的智慧，並且倚靠它指引你接近神，漸漸地你會了解，你是極高等智慧中的一分子，就像汪洋中的一滴水一樣。

把這樣的堅定認知融入你的日常生活事務中，就能擁有控制逆境的力量，到時候你會把逆境視為只是低層級智慧的效應，這層領悟將使你免於成為物質宇宙的受害者。你不是受害者，而是宇宙的一部分。

弟子：您所說的「低層級智慧的效應」是什麼意思？

智者：我的意思是，一個智慧程度較低的人，無法認清自己是最高等生命中的一部分。

擁有最高等智慧的生靈，能夠認清自己與所有存在的智慧都有所關聯。舉例來說：你可以很輕易的回想起自己最近一次遭遇到的困境，這就是能讓你想起那件事的最高等智慧的表現。

智慧令我們不同於猴子

智者：你能看清自己的困境，但同樣的，也能看清你能靠著自己的智慧從全宇宙間找出解決問題的方法和工具。

宇宙的法則永恆不變，當你堅信每種物質環境或事物都有一個相應於心靈（思想）活動的起源時，就能夠征服任何種類的逆境，因為你知道你總是能控制思想，必定能決定自己的想法。

弟子：要我了解花是某種無形力量——也就是智慧——的結果並不難，但要我了解生命中此世與智慧的力量並不容易，我從沒被教導這樣思考過。然而，您讓我了解到，如果我想學習，就必須依著您指引我的方向去實踐。所以，當我在某個時候需要五百元、而且看不出有任何可能得到它的方法時，我就試著遵循您的指示，在心靈中看到自己做著自己想做的事。我做了心靈觀想，而且真的忘了擔心要用什麼方法和工具，後來果真得到了我想要的錢。當時我並不明白，現在也不明白它是怎麼發生的。我所能了解的是，我順從您的教導而解決了我那天的困境，我不會忘記那次的經驗。

擁有最高等智慧的生靈，能夠認清自己與所有存在的智慧都有所關聯。

我們的心靈趨向是否經由繼承而來

智者：我們大部分人的思想都由繼承而來，就如同我們眼睛的顏色也是繼承而來一樣。但是，如果你打算充分了解存在於心靈行為和物質條件之間的關係，以控制你的環境，就必須用自己的方式，靠自己好好思考，不管你的祖先會怎麼想，即使他們之中有人已得到想要的結果。

弟子：那看來就像遠方的地平線一樣遙不可及。然而，如果您告訴我說，我能藉著沉著堅定的努力、依循這些原則找出真理，以達到掌握環境與情況的境界，那麼從此刻起我就會靠自己思考。

但是，我目前的狀況似乎遠非任何人所能掌控。雖然極少數的時候我曾掌控住某些狀況，但大部分時間裡，相同的狀況卻不在我的控制之下。為什麼呢？

掌控你生命力量的祕訣

智者：你成功的原因，其實是你運用了連自己都未了解到自己所具有的這份力量，它根據自己的自然法則，達到了和諧的結果（如同你剛提到的偶然經驗）。這個屬於你自己的忠實力量，你是否擁有隨時運用它的能力，取決於你對它的存在認知。

有時候會失敗的原因是，令你苦惱的局面吸引了你全部的注意力，致使你無法思考其他任何事情。在那種時候你完全看不清一個事實——你的個體心智就是一項工具，最高等的智慧和忠實力量會盡力透過這個工具而表現出來。還有，這種智慧與力量總是化作你慣性思考的形式。因此，當你相信某個狀況超出你的掌握時，就無法掌控它。

弟子：意思是，我對環境的掌控，完全取決於我有沒有能力去了解，我的生命和智慧與使我變得存在的生命和智慧是相同的？也與樹和大自然中的一切生命相同，因此我能與所有生命和諧相處？這份認知能夠讓我直接接觸到所有存在的力量與智慧嗎？只憑著老是這麼思考，就能夠解決任何可能的困境嗎？

智者：不，「不去實踐的信念是死的。」神若不透過表現出來是不存在的，沒有行為的思想是不具力量的。倘若你認知到你與喜悅、生命、智慧和偉大主宰的力量有不可分割的密切關係，然後堅守這份認知並付諸實踐，任何問題就能迎刃而解，因為你的思想會變成具有極高等智慧與力量的具體行動想法，而這些高等想法能控制較低等的想法。「較低等的生靈受到他們自己生命法則的束縛，因為他們不懂得那種法則。」

因此，當你了解了生命的法則，這份知識會賦予你一些想法，使你能夠掌控所有的逆境與不利情況。

弟子：這對我來說是全新的知識，我還不太能夠領悟您的意思，您可以舉個例子說明嗎？

你成功的原因，其實是你運用了連自己都未了解到自己所具有的這份力量，它根據自己的自然法則，達到了和諧的結果。

如何照亮你生命的道路

智者：嗯，假設你在一個配有各項舒適設備的房間裡，但房裡一片漆黑，你無法找到想要的東西，即便你知道它們的存在。

有人告訴你說房間裡有電燈，你直覺地開始沿著牆壁摸索，因為你習慣性的認為開關在牆上。你花了好幾小時在四周的牆壁上上下下搜尋，只要伸手可及的地方幾乎都摸遍了，直到累壞了才罷手。

當你正準備要放棄並隨遇而安時，不放棄的決心又逆襲上來，你打算一直努力到找出開關為止。你決定去享受為你準備好的舒適設施，所以你以勢在必得的決心重新搜尋，認為自己最後一定有辦法打開電燈。

又經歷了一場毫無斬獲的努力，你停下來休息，納悶開關可能會在哪裡。「它一定在這裡，我會找出來的。」你對自己這麼說，然後再度往牆上摸索，即使你很確定自己剛剛已摸索過所能觸及的每一吋地方。

這一次，你的想法和動作不再那麼緊繃，即便決心依然。當雙手慢慢上下移動時，你突然想到，也許開關根本不在牆上！你稍停片刻，腦子裡突然出現開關也許在地板上的想法。但理性立刻站出來反駁：「不可能，有誰聽說過開關會在地板上的！」

「但是，」那個想法堅持：「你已經在一開始的時候就找過看似最合理的地方，現在試試地板又何妨？」所以，你開始猶豫地伸出腳，在地板上搜尋可能是電燈開關的凸出物。

找到燈光

你的腳幾乎馬上就碰到了一個陌生的物體，你把手放到那個似乎是開關的東西上，但還是沒有燈光。

不過，現在你很肯定自己的手已經碰到開關了。

你遲疑了一下，下意識地喃喃自問：「這個東西要怎麼用？它推不動也拉不動。」然後就像從心裡冒出一個聲音似的：「滑動它。」你試著滑動開關，整個房間瞬間充滿了光亮。

你發現自己的內在對於這個事件存在著一種相應的智慧，你因此產生的喜悅，實非筆墨可以形容；這就是許多人有時候會產生的欣喜若狂的感覺。

弟子：噢，我很開心他鍥而不捨地以嚴謹的心靈態度找到開關！在這樣堅持不懈的努力之下，一定會得到令人滿意的回報嗎？

智者：是的，堅持不懈、有信心的盡力而為，總是能帶來令人滿意的結果。為了給你一個完整的概念，使你能夠在未來合理的思考，我們現在從反面的角度來考量同樣的情況。

想像你在相同的條件下置身於同一個房間裡，在黑暗中憑著感覺嘗試了好幾次之後，你開始感到疲憊，也多少有點兒氣餒，所以你勸自己說：「噢，這有什麼用？這個房間裡或許有電燈的開關，而且房間裡也許有我所需要的一切，但也可能沒有。」於是，你內心有某種東西在說服你說那兒不僅沒有燈，也沒有你能享受和想要的東西。你立刻回答自己：「如果這裡有我所需要和能享用的一切，但我無法找到開關，是多麼可惜的事！有些人做事的方式就是這麼古怪、沒道理！真是搞不懂為什麼不先幫我把燈開好。」

弟子：您說的好像是一個人總是會把自己的失敗本能地怪罪於環境或其他人身上。

倘若你認知到你與喜悅、生命、智慧和偉大主宰的力量有不可分割的密切關係，然後堅守這份認知並付諸實踐，任何問題就能迎刃而解，因為你的思想會變成具有極高等智慧與力量的具體行動想法，而這些高等想法能控制較低等的想法。

受制於人，這個錯誤不在於命運，而在自己(註)

智者：你必須承認，我們很少發現有任何人能夠了解，他失敗或持續不幸的

(註) 引自莎士比亞所著《凱薩大帝》，完整文句為：「親愛的布魯特斯，要是我們受制於人，這個錯誤不在於命運，而在於我們自己。」

原因在於自己。之所以造成這種結果，幾乎是個人普遍缺乏這樣的了解：思想上的某種特質能夠使一個人清楚的認知到，他具有吸引性的智慧力量，而這個力量會指引他達成目的和實現願望。然而從另一個角度來看，同一個力量的反面作用，會導致負面的結果。

弟子：您的意思是，思想的某種特質能促使一個人去做他想做的事、成為他希望成為的人，而誤用同樣的力量，可能反而會阻撓他達到目的？

智者：沒錯。這個觀念是要你運用思想的力量和正面感受，以獲得正面的結果。以不好的手段運用它，就會得到不好的結果，因為「智慧必展現於回應之中」的法則永遠不變。

生命演進的整個過程——從最初的萌生到呈現出人類的形式——就是一連串的智慧回應。

如果你誘導自己去認知散布在整個人自然間的宇宙智慧，那麼你也必須認知到深藏於萬物——樹木、雜草、花朵、動物等一切事物——之中、在受到呼喚時便隨時能迅速化為行動的相應回應。它回應於你的召喚，就如同孩子被叫去玩耍時一樣的聽話。

在黑暗房間中的第一個情況裡，你不怎麼關心黑暗的問題，只全神貫注於燈光和怎麼開啟它。你思想中的正面特質「我將會」，從你靈魂深處喚起了一股堅定的智慧力量，這股力量最終會滲透你的思維能力，引導你的手找到開關。

弟子：但是在第二個情況裡，在我也認為自己一定會找到開關時，卻沒有任何啟發性的回應。這在我看來是一個人的日常經驗，但第一種情況較像是奇蹟似的巧合。

思想的某種特質能促使一個人去做他想做的事、成為他希望成為的人，而誤用同樣的力量，可能反而會阻撓他達到目的。

每一種結果必定都有原因

智者：噢，事情並非如此。萬物都有生命，一切都有法則和秩序。現實中沒有巧合，沒有「碰巧發生」這種事。

如果你能回想起與上述例子類似的一些自身經驗，就會了解這一點。你常常覺得你必須要有「燈光」，而且，在好幾次嘗試去摸索開關之後，慢慢陷入了「我做不到」的想法和感覺——「知道方法的人也許做得到，但我不行」等等。

在這件事情上學習真相的最佳方法，是再度經歷你以往的經驗。分析一下你以前成功和失敗時的想法和感覺，然後做出你自己的推論。從這種方法中獲得的啟示，不是文字或言語可以取代的。

要記住，回應性的智慧和力量無所不在，它們早已準備好，形成你長久以來在意念想法中所要創造的事物，這種力量只能透過它所憑藉運作的思想工具而發生作用。

一般人都承認耶穌擁有運用智慧生物的意念去創造物質條件的能力與力量，例如把清水變美酒；不過，他們卻懷疑自己無法利用相同的力量在自己身上，儘管耶穌向人們保證：「所有一切對你來說皆有可能。」

這個主張既成立，也不成立。

假如這個主張成立，那是因為心靈是一種工具，生命的智慧原理在這項工具裡，並透過它採取初步的行動，而這個行動必定與在本質上是主觀的生命法則和諧一致。

「智慧必展現於回應之中」的法則永遠不變。生命演進的過程——從最初的萌生到呈現出人類的形式——就是一連串的智慧回應。

生命最偉大的目標，是展現出喜悅、美麗和力量

弟子：這個生命中的訓示擁有常存、無限、充滿智慧的力量，它隨時準備好接受我洞悉性的思想所給予任何方向的指引，我這樣的推論正確嗎？

如果我容許自己焦慮、灰心、不滿，我就會啟動反抗和毀滅性的力量，是嗎？

生命的目的是透過它的特殊工具，也就是我的思想，而表現出喜悅、美麗和力量，對嗎？

智者：你對這一課要義的領悟已有驚人的進展，現在只剩下去體會你所學到的快樂。

利用你對實際應用的知識做到這點，絕對不要忽略一個事實——無論你認為自己當下有什麼樣的理由感到灰心、不滿或焦慮，這些感覺都會使願望的實現離你越來越遙遠。

反之，你用持之以恆的決心和毅力，去相信自己的願望和抱負是慈愛性、指引性和保護性宇宙原理的具體表現，你會發現，實現願望和抱負的資源將從四面八方而來，而且源源不絕。

萬物都有生命，一切都有法則和秩序。現實中沒有巧合，沒有「碰巧發生」這種事。

弟子：當一個人不想懷著負面想法時，怎麼可能產生灰心和焦慮的感覺呢？我確信那不是因為一個人喜歡擔心的緣故，那似乎是一種很難抹去的感受。您的意思是，一個人當機立斷的拋開他不想要的想法，就像從一個房間走到另一個房間一樣可能嗎？我想知道這要怎麼做到，因為我有許多無法在一之時間統統拋開的討厭想法。那些想法被拋開之後，過了一段時間似乎又自己折返回來。我真的試過要擺脫那些想法，但在我嘗試拋開它們時，它們似乎黏我黏得更緊了。如果拋開一個想法能像丟掉一件衣服那樣簡單，那就太好了！但要怎麼做到呢？

智者：你要對內心想達成的願望保有正面的心靈態度，無論你的願望是達到某種心靈境界或達成某件事情，因為你無法同時擁有正面想法和負面想法。

弟子：哦，是真的嗎？我好像常常跟一個人談論著某個主題，心裡想的卻完全是另一件事呢！

回應性的智慧和力量無所不在，它們早已準備好形成你長久以來的想法所要創造的事物，這種力量只能透過它所憑藉運作的思想工具而發生作用。

事實上，你只能一次思考一件事情

智者：你之前在心裡想著一件事情，嘴裡說的又是另一件事，但其實你只有一種想法。是你在思考另一件事情時，嘴巴自動說出眼前的事。簡言之，你說出的話並未表達出腦海裡的想法。假設你給自己做一個測驗，試著同時把自己想成一個成功者和失敗者，你會發現自己根本不可能同時做正面和負面的思考。

在我們的下一課裡，對此會有更深入的探討，並且證明為什麼它是對的，以及為什麼身為一個個體，你能夠藉著了解你個人與支配全宇宙的智慧之間的關係而掌控環境，無論那些環境是心靈的、物質的或經濟的。

弟子：我知道您所說的都對，但是我應該運用什麼方法來實現這一點？有的時候我會對自己發怒、失去耐性，因為我忍不住感到焦慮與恐懼——我知道會導致我失敗的就是這些因素。但我仍然會那麼做，就像自己喜歡的食物，即便知道它對我有害無益，我還是會吃。您能指點我方法去面對這種情形嗎？

你的心靈是一種工具，生命的智慧原理在這項工具裡並透過它採取初步的行動，而這個行動必定與在本質上是主觀的生命法則和諧一致。

如何將焦慮驅離你的心靈

智者：當這三個敵人——恐懼、焦慮和灰心——攻擊你、毒害你的心靈和身體、削弱你達成願望的吸引力時，請立刻深呼吸，反覆執行，速度越快越好，發出聲響或安靜無聲都可以。以下的宣示正是遇到這類毒害時的解毒劑，也是一種有力的保證和對美好之事的吸引力：

「我體內的生命無法與所有存在的生命做切割，這個生命只完全奉獻給我個人的進步發展。」

假如你有所察覺，並且能夠以這個肯定的想法覆蓋過負面的焦慮聯想，很快的，你會讓自己得到自由。如果在錯誤信念中思索的情況不斷發生，就找一處你能獨處的地方，反覆想著你的宣示，並且盡全力把你的心靈提升到宣示內容的情境裡，就好像做深呼吸時把氣從腳底向上提到肺部一樣。

千萬不要因為你所做的每一分努力並非很成功，就對自己失去耐性。你的意圖才重要，沒必要要求自己任何一絲一毫的努力都必須絕對成功。上天全知的力量會洞悉一切，並且給予相應的報酬。

勤勉、有耐心，你一定會成功的。

當這三個敵人——恐懼、焦慮和灰心——攻擊你、毒害你的心靈和身體、削弱你達成願望的吸引力時，請立刻深呼吸，反覆執行，速度越快越好，發出聲響或安靜無聲都可以。

我體內的生命無法與所有存在的生命做切割，
這個生命只完全奉獻給我個人的進步發展。

第二課

如何克服逆境

「世事無好壞之分，全為思想使然。」

——莎士比亞

智者：如果你想克服逆境或維持令你感到滿意的現狀，就必須擁有關於基礎或原發精神，以及它和你的關係的知識。你在努力了解這些生命基本原理的真實秩序之時，並不需要否認現實的物質世界或稱它為假象。

相反的，你會因為承認物質現實的存在，而見識到一個無形偉大創造過程的圓滿實現。因此，你能夠在創造過程中讓物質的展現發生在適當的時機，這是你以往的思考方式所無法給予的能力。

現在你了解到，雖然生命的起源並非在於它的具體或物質自我，但是它必須拋出它的具體和物質工具，並透過這個工具以各種不同程度的智慧來表達自我，例如植物界、動物界以及人類，如同我們在上一課所揭示的。一切都只是生命的外在形體，支持這些形體的，是存在的內在原理。對於生命的原理，你所關切的主要是生命思想和你的內在感覺，你是生命創造性精神的工具或支配媒介。如果你了解這一點，會對生命的原發性精神為何，以及身為個體的你與它之間的關係有些許概念。

弟子：既然思想和感覺是一切事物的起源，有沒有必要為了掌控環境，而去了解它們起源的精神呢？我的思想和感覺，與宇宙的無限力量及智慧的思想和感覺，真的是相同的嗎？

要如何掌控環境和錯誤的情況

智者：它們在本質上是相同的。

讓你的想法和感覺在程度上符合你所相信的是生命的起源力量與智慧力量，

就能夠掌控與你個人世界有關的環境和情況，而且你必須相信，你就是你個人世界的中心。

弟子：我的內在生命包含了身為個體的我所需的一切，這種說法正確嗎？我的思想和感覺是我特有世界的中心力量嗎？若是如此，那麼當布朗（Thomas Browne）說「我們內在蘊藏著我們所尋求、以為自己缺乏的驚喜」時，就是在說明這個狀況。

如果我知道並實踐這個美妙的真相，生命理解力的驚喜就會憑著它天賦的權利降臨在我身上，並且以我對它認知的深淺，而取得相當程度的指揮權，以掌控我所有的問題。我這樣說對嗎？

智者：是的，布朗的那句話道出了真相。你內在有完整的天道原理，那是唯一存在的生命，這一點不應令你產生無法發揮自我的誤解。記住，你內在的生命起源是一種智慧，這種智慧能夠化作源自全宇宙所有生命力的具體行動，但它只能透過你確信它能做到、且會做到的智慧而發揮作用。因此，你的論述要切合實際，行為要勤勉努力。

現在我舉個例子：你有一杯污水，但為了擁有乾淨的水，你是不是需要不斷地把潔淨的水倒入那杯污水中，直到每一滴污水都被沖掉？同樣的道理也適用於我們所遭遇的逆境。在逆境中注入你內在具有上帝力量的堅定信心以改變環境，情況就會相應地改變。

讓你的想法和感覺在程度上符合你所相信的是生命的起源力量與智慧力量，就能夠掌控與你個人世界有關的環境和情況，而且你必須相信，你就是你個人世界的中心。

弟子：我了解了。您的意思是，我應該運用我的常識，並結合對神的堅定信念，以及誠摯、專一的心靈，去做最大的努力？

常識與你的心靈機能

智者：就是這樣。運用你的常識和所有的心靈機能，將它們發揮到極致。不過，你絕不能勉強而為，一定要讓法則自然運行發展。

記住，所有情況的發展，都與「在所有創造性智慧的指引之下」這個你牢牢秉持的心靈態度有關。

如果你遵循這個論據方法，會很快養成為了找到使生命進步與喜悅的答案，而檢視自我心靈態度的習慣。

盡力保持心靈中的前瞻想法——生命中的每種具體或物質情況都相應於你習

慣性的思考傾向，而思考傾向最終會因你看待個人生命（與所有生命都相關）的方式，呈現出具體結果。

弟子：假如我把關於我內在生命原理的知識與感覺，培養成所有物質經驗的來源，就能夠克服一次又一次的極限嗎？當我依循這些原則前進發展時，會以自己的方式漸漸取得享受人生的自由權嗎？

智者：在你學習自我存在的法則的過程中，重點在於，你要了解身為個體的你，是一個特殊化中心，生命的力量或本質透過這個中心而成形，並且與你最慣常的觀念一致。在理論與實踐並重的原則下，試著去更透徹地了解，你的個體心靈和宇宙根源心靈之間的關係是互惠的。領略這個互惠原理，你就會了解，為什麼有的時候你無法擁有歡樂的生活，以及如何才能獲得全面的快樂；就像重力法則證明了為什麼鐵會沉入水中，而我卻能浮於水面。

弟子：我不太了解您所說的——我的個人心靈與宇宙根源心靈的互惠作用。假設我面臨了一個重大的經濟問題，而我努力透過思索目前所有任何形式的支援，並且反覆誦念在我看來是合理的宣示，使我的心靈能夠自信地預期未來，那麼我會得到回報嗎？這樣的反應從何而來？如何而來？如果我生命中的快樂有賴於對這個觀念的理解，也有賴於了解與宇宙根源心靈的互惠作用，那麼這對我來說，會是條漫無盡頭的道路，因為我還無法領略您的意思。在努力領悟某件事情的過程中，我會感覺到內心有所反應嗎？

你的心靈與宇宙心靈如何產生關連

智者：在上一課我們曾經說過，宇宙根源心靈為了透過你來表達自我的目的，而使你變得存在，你的心靈就是在此情況下所產生的結果。你的心靈與宇宙心靈之間的互惠作用，可以比喻成樹與其分枝之間的關係。你的心靈是宇宙心靈的特定表現，亦即你的心靈從宇宙心靈那兒獲得了思考的力量。就像樹枝是一棵樹的特定部位，並未與樹分離，而是樹的一部分。因此，在宇宙心靈或生命及其特殊化表現（也就是你）之間，存在著一種永恆的交互作用，如同樹及其各部位之間的關係——它的分枝和葉片不斷地從主幹汲取養分。你的思想活動，就是宇宙心靈的特殊化作用。

舉例來說：想像你感到有些喪氣，此時突然收到一封電報通知，你最深愛的人正要來看你，並帶來一些好消息！你能想像自己在聽到這個消息後的反應吧！你可以用心靈想像自己正做著喜歡的事，透過這種方式，在你的個體心靈及其根源之間激發出相同性質的想法、喜悅感和自信感。看到自己的快樂，藉著不斷複誦快樂的宣示，來將心靈提升到這個境界，很快的，你將體驗到美好的回應。

弟子：我了解了。我的心靈與偉大的宇宙心靈之間持續不斷地交互作用，而這種作用，使我得到與物質層面那種愉快經驗相同性質的回應，透過這層認知，我才能克服逆境。

我曾經以為克服逆境的方式是忽略它們，不要理會造成那些逆境的既有法則。但現在我開始了解（至少在理論上），生命的法則無法被忽略或摧毀，而且相反的，必須好好利用它們，為我們製造和諧的環境。

智者：以徹底改變起因的方法來克服逆境，這是你自己的觀點。焦慮和恐懼總是會吸引同類的事情聚集在一起，反轉這個趨勢並且只抱持和諧及有信心的想法，逆境就會慢慢退縮，取而代之的，將是你心靈改變之後的環境或情況。

弟子：那我要把我的心靈視為宇宙心靈的一個分支、並且從後者中汲取我所有的本質嗎？

智者：是的。現在你對宇宙和個體、以及這兩者之間的相互關係已有相當良好的基礎概念。我想，現在我們應該來探討特殊化的過程，也就是如何使自然的法則產生「無法在一般單純條件下由大自然自動產生」的特殊效應。

生命中的每種具體或物質情況都相應於習慣性的思考傾向，而思考傾向最終會因你看待個人生命（與所有生命都相關）的方式，呈現出具體結果。

如何補救大自然的不足

弟子：一個人要怎麼創造自然不提供的條件。

智者：不要忽略了「自動」一詞。自覺且理性地以新秩序整理思緒，在內心尋找解決問題的方法、不去逃避問題，你必定會發現有一些想法應運而生，而這些想法會比自然更能為你創造新的條件或環境。

弟子：我要怎麼才能做到這點？讓我的想法符合我認為宇宙心靈必定會有的想法就行了嗎？

智者：我舉個例子來闡釋我的意思。假設有個碾磨工一直以手工碾磨穀物，他的直覺告訴他，碾磨穀物應該有更有效的方法。於是他思索著，那個好方法到底會是什麼？

有一天當他走在鄉間，某件事物吸引了他的注意力，他第一次注意到從他身邊奔騰而過的溪水的強勁力量。他駐足思考，要怎麼做才能讓這個力量為自己所用，他自問：「何妨試試利用它，讓它幫我碾磨穀物？」這個突如其來的靈感非常令他興奮激動，不只是因為它的可能性，也因為他感到確實能達成這個目的。這個欲望立即開始在他的腦海裡勾勒起藍圖。站在溪水旁，他看到磨坊運作順暢，磨坊的水輪受水流力量的推動而轉動，因此能碾磨穀物。大自然提供水流力量的事實並未改變，但卻在經過特殊化之後，能夠符合某個個體的需求。

大自然如何透過心靈而運作

弟子：水的自然力量是無法自行碾磨穀物的，但是透過碾磨工心靈中與個體化宇宙智慧的交互作用，他利用這個「由大自然自動提供」的力量完成他的需求，就像柏班克先生（Luther Burbank）註將自然法則特殊化，才能栽培出無刺仙人掌和無籽藍莓一樣。

註 路德．柏班克（一八四九至一九二六年），是美國植物學家、園藝學家和農業科學先驅。在他五十五年的職涯中，開發了八百多個品系和品種的植物。

智者：是的，你已經領略了我的意思。

你對水力（或大自然）與人類心靈中個體化智慧之間的交互作用的理解，已達到科學的水準。你現在看到，你的舊觀念已經完全被反轉過來。從前，你把做事方法和環境當成一種表象，推論它們是造成心靈狀態和物質環境的原因；現在你學到創造性過程的實際次序其實恰好相反，思想和感覺才是形成相應的外在條件的原發因素。依據這個基礎原理，你可以將整個創造性過程的一般法則特殊化，使它所有的智慧和力量發揮效用，以符合你的特殊需求。

思想和感覺才是形成相應的外在條件的原發因素。

你怎麼想，事情就怎麼發展

弟子：您說的沒錯，我一直把因果次序弄顛倒了。

從前我一直以為是環境造就且控制了我的想法，也就是說，我不由自主的接受了環境暗示我的想法。

舉例來說：假設我想在某個時間身在某地，而且那個約會很重要，但我會遲到，這是多麼可怕的事啊！不過似乎無計可施了。那是我從前看待事情的方式。

現在，在新的思維方式中，我會盡力在腦海中設想自己如期赴約，或達成其他的目的。

我會全心投入「沒有什麼可以阻礙我的前進或阻撓我達成目的」的想法，而且我確信，最終必定會出現一個使這個想法在物質層面具體化的方法。我相信，我的約會會以某種未預期的方式實現，並且令我和對方皆大歡喜。事實上，我曾體驗過類似的事件。

智者：是的，幾乎每個人都曾有過你剛才提及的經驗，但是鮮少人能從中獲益。這個法則是：「一個人怎麼想，情況就怎麼發展。」如果你想從不利的情況中抽身，必須採取宣示性思考的科學方法，並且把它當做生命中永恆必行之事來奉行。

你會發現，成為起因的宇宙力量（你想怎麼稱它都可以）必定會展現高等智慧，為了達成目的而找出適合的工具。

譬如說，你想做某件事情——蓋房子、賣東西、或幫助某人。這些都是引導你的行為、透過你而展現的高等智慧。若沒有這種高等智慧，就無法形成意圖，更別說達成目的了。你的智慧是一項工具，宇宙的偉大智慧正透過這個工具而不斷形成特殊的形式——你的心靈。事實上，你腦海裡所思考過的每一個想法，都是從這個無限心智中開始成形的。不斷看清這個事實，就能夠找到方法，突破任何你可能體驗到的極限感。

我曾經聽過有個人急切的想做一番大事業，他要求他的老師和他一起用類似我們剛剛所討論的方法來思索——讓宇宙智慧透過他的個體智慧而逐漸形成特殊形式。

他的老師同意了，條件是，那個學生的欲望必須能夠強烈到迫使他每天早起走兩英哩的路、一邊思索宇宙智慧及其特殊形式（也就是他的心靈）之間的交互作用。

那個學生還要接受指導，為了培養他的直覺和想像力，而養成練習心靈想像的習慣。

其中一個指示是，他要在腦海中看到自己沿著一條美麗、澄清、水量豐沛的河道散步，聆聽水面的漣漪，看著澄清水面中的樹木倒影，然後把這個心靈想像畫面轉換至勾勒自己欲望的想像畫面。

經過六個月的練習之後，有一種想法排山倒海地出現在他腦海中。這個想法的發生看起來很自然，不過，卻與他最近養成想像自己全神貫注去渴望某事的習慣一致。

他愉快的繼續散步、繼續沉思、繼續觀想，最後宇宙智慧終於以特殊形式（他的心靈）展現出來，指點他具體的方向，將遠大的想法成功的付諸實現。

弟子：沒有老師的幫忙，他的心靈也能悟出那個遠大的想法嗎？

宇宙力量必定會展現高等智慧，為了達成目的而找出適合的工具。

人一定要學習自己思考

智者：當然。那個想法並非經由老師的心靈而來，他只是幫學生開拓了一條正確的道路。沒有人可以幫別人思考，那是他靠著自己堅決的努力、認清自己的個體智慧是宇宙智慧，藉以持續成形的工具的結果。

那位老師所做的（任何人都能夠做的），是幫助他的思緒持續朝他欲望的方向前進。老師的幫忙，只是增強了他對自己的信心與信念。

弟子：這個原發性的生命力是一種生產性的力量，也是創造性和指導性力量嗎？那個老師的想法若依循相同的原則，是否有助於堅定學生的思想？在沒有更高等心靈的支持之下，任何人有辦法完成偉大的任務嗎？

智者：當然，如果你十分確信以你的方法能認知到絕對真理，就不需要任何信心以外的外在力量。

如果你不了解你與偉大主宰之間的關係，不只是原發性的、也是生產性的，你就尚未領悟出真理。

難道你不是一直透過大自然，才了解到它的生產力量？你不會有嘗試把百合花變成玫瑰的想法。

如果你知道創造花朵的同一個力量，也為了在你心靈中運作的特殊目的，而創造了你的心靈，你會很快的學會信賴，它透過你的智慧運作時，所表現的生產性特質。

弟子：我懂了。人身上的生命力，就是發源、創造、引導和形成的力量。

在現實中，一個人無論要做什麼來施展他的抱負——除了享受人生之外——似乎都不是問題，只要他學會如何去做！

上帝與公司

智者：生命的法則就像上帝與公司。你是公司，而且假如你想從合夥關係中獲利的話，你當然不可能是無所事事的合夥人。你負責的部分很重要，因為宇宙的神聖能量必須圍繞著一個具體的中心才得以運作，而你要支援供應這個具體中心，你有很多事情要做。

弟子：這是否代表著，如果要實現我與生命喜悅合而為一的願望，就不能只從事物的表相去尋找生命的喜悅？

智者：毫無疑問，有的時候你會發現，很難將你的思緒從外在轉換到內在的原發性原理上，也很難一直愉快的秉持著那個想法，除非外在的情況與你腦海中的想法一致，而且不該有絲毫的勉強。宇宙心靈吸引你，在最少抗拒力的情況下成為你心靈的供給來源。也就是說，它所提供的資源對你來說，是最自然、最符合你心靈本質的。

經由這個方法，你將欲望和抱負注入宇宙心靈，增強了你源自無限力量的吸引力（相應於你心靈中最主要的欲望）。

舉例來說，假設你感到非常寂寞，不全然是孤單，而是寂寞（兩者之間有差別，你知道的），並且渴望友情的陪伴。那麼，就在某個夜晚或早晨，到一處你不會受打擾的地方，在腦海裡想像自己與朋友一起散步（不是你認識的人，而是某位理想的陪伴者），然後看到自己與這位朋友一起兜風、一起做許多開心的事情。在心裡保持這樣的想像，直到所有的寂寞感煙消雲散，然後你會感到一股紮實的友誼。

讓那種感覺深深刻印在你的意識中，然後試試在任何時候回憶一下。

如果能這樣練習，很快的你會領悟到，這就是在你心靈和宇宙心靈之間的交互作用。一旦建立起這層認知，你的想法便會開始以具體形式呈現。

弟子：那麼，一個人努力的方向，應該完全朝著獲得更高程度的智慧目的前進，而不是取得實質的東西。

人身上的生命力，就是發源、創造、引導和形成的力量。在現實中，一個人無論要做什麼來施展他的抱負——除了享受人生——似乎都不是問題，只要他學會如何去做！

上帝會提供糧食，但祂不會幫你做飯

智者：這樣的目標是非常崇高的，而且這類志向必定能將相應的事物具體化。不管在任何情況下，你都不能允許自己養成做白日夢的習慣。生命的物質層面不該被人鄙視，因為外在層面必與內在層面一致，有其一定的地位。我們要防備的是，把取得物質上的佔有權視為你的最終目的。但是，當某些外在事實出現在你的生活圈時，應該以常識盡力處理。

記住，事物都是符號，以符號代表的事物，本身比符號更重要。「上帝會提供糧食，但祂不會幫你做飯。」

弟子：那麼做飯就是我的事。也就是說，要善用已授予我的智慧，使它成為一種來自宇宙的吸引力，許多想法就會匯集到任何我所選擇的方向上；根據法則是這樣子，對嗎？

智者：是的，如果你選擇與生命的持續和諧律動同行，你會發現，越是透過革新思考來運用和諧法則，對互惠法則就會越熟悉。這個法則與支配物理科學的同樣法則相呼應，意即：「自然順從你的程度，正如同你順從自然的程度。」擁有這樣的知識，就能夠獲得自由。

弟子：自然要怎麼順從我？

智者：自然首要且最偉大的法則是和諧。你看到在這個美麗的世界裡，存在許多和諧法則的結果。如果你順從自然的暗示並且遵從這個法則，必然會是自然提供的和諧法則中所有益處的受益者，像是健康、強壯、知足……因為自然所有的法則都將帶來自由與和諧。你會發現，自然的回應如出一轍，在程度上，就和你的思想和行為遵從自然完美法則的程度一樣。

弟子：思想的力量必定是創造性的嗎？而它所創造的情況一定會與它本身相呼應嗎？在一個人充分地了解這個法則的情況下，就能使法則立即回應嗎？

要善用已授予我的智慧，使它成為一種來自宇宙的吸引力，許多想法就會匯集到任何我所選擇的方向上。

早、晚各十五分鐘的時間並不夠

智者：思想就是思想，它必定是創造性的，無論好與壞。使回應性的物質條件出現，在個人環境裡所需的思索時間長度，完全取決於你的認知能力：認知到自己所要追尋的事物，是一項常態、已經存在的心靈事件。

所以，早、晚各花十五分鐘去思索，因為你的內在有種自信，可以導引某種可靠力量朝向呈現你心之所欲的物質，然而其他清醒的時刻卻在懷疑與恐懼中度過，這就不足以令你進入思想情境的精髓。所以，整件事情的問題在於，你那個具有特殊目的的想法會怎麼影響你？如果它能激發出你對某種信念的感覺，回應就是立即性的。

弟子：您能教我什麼方法，來消除我的懷疑與恐懼嗎？

智者：好的。我自己最常用的想法是：「我的心靈是天道運行的中心，天道的運行是為了生命的擴展與更全面的表現——這裡指的是某種超越先前事物的成果、某種全新的事物、不包含在過去經驗裡的某種東西，而且事情的進行，是依據分明的次序或條理的發展。因此，既然上天無法改變它固有的本質，那麼，在我內心它必定是以相同的方法運作，最後在我自己的世界裡（我是那個世界的中心），它會向前邁進、創造新的環境，但永遠比從前的任何環境都要創新。」

（《多爾講學》）

你應該記住這段話，並且好好地思索，盡力使自己的心靈成為「天道運行的中心」，方法是：心裡只懷著你覺得能夠反映神的思想的想法。每當你感覺走向自由的道路受到阻礙時，就用更大的努力使你宣示的精神與你同在，那麼會很快發現，你接收到想法的心靈將會指引你走上絕對自由的道路。

懷疑與恐懼的惡魔

弟子：懷疑與恐懼是惡魔，不是嗎？難道恐懼不是所有錯誤要素中較具毀滅性的？在我看來，它就是以某種形式存在而無法抹去。有什麼方法能將這個怪物從一個人的心靈中完全消除呢？

智者：當然有。

雖然恐懼是所有心靈敵人中最具毀滅性的，而且如你所說，似乎無法抹去，但是當你了解到恐懼形成的方式只是像形成你的信念一般時，對於能作為你心靈庇護所的思想特質，會越來越戒慎小心。

思考的練習，熟能生巧。

弟子：我會試著抑制恐懼，只是現在還無法做到。有的時候我徹底失敗，完全不知所措。

我的心靈是天道運行的中心，天道的運行是為了生命的擴展與更全面的表現——這裡指的是某種超越先前事物的成果、某種全新的事物、不包含在過去經驗裡的某種東西，而且事情的進行是依據分明的次序或條理的發展。

如何擺脫恐懼

智者：當你開始感到恐懼的時候，盡可能到空曠處，快走一、兩英哩（約一點五至三公里），做深呼吸，並且挺胸、收下巴。把你自己想成是一個你所觀察到的修道士，並採取一種相稱的威嚴態度。在每次深呼吸時重複這個宣示：「此刻我正在生命裡、在愛裡、在宇宙的力量裡呼吸！」摒住呼吸一下，腦海中想著你的宣示，然後呼氣時也懷著同樣的想法，讓這個念頭與宇宙的乙太相結合。

「我與我愛的天父是不可分的一體。」

萬一你無法到空曠處，不管你在哪裡，所抱持的態度也是一樣。深呼吸，複誦宣示，你會確實的感覺自己受到保護，並且得到生命所必須給予的所有愛與力量，恐懼將會消失，你就能夠繼續任何原本已在進行的事。

此刻，我正在生命裡，
在愛裡，在宇宙的力量裡呼吸！

第三課

增強你的意志

「我們意欲、希望或夢想的所有美好，都會存在；存在的不是貌似美好的事物，而是美好本身。

當永恆斷言了時間的短暫，美麗、美好與力量的聲音都不再前進，只為了音樂家而駐留。」

——布朗寧

智者：意志的重要性太常被誤解，所以我想利用今天早上來思索一下它真實的本質和目的。

幾乎每一個人都能夠意識到，意志不是想像。意志的作用，多半是阻撓與逃離我們的理性。

弟子：我知道，大部分的心靈科學學派都教導人們不應該嘗試運用、甚至了解意志，因為特意運用意志力，反而會使人偏離正軌。

智者：最重要的是，你對你的意志應該要有充分的了解，才不會誤用它，否則你會因為對意志的角色和力量缺乏正確的認知而被誤導。

弟子：它是一種強迫性和創造性的力量嗎？

智者：正確的說，它兩者都不是，意志絕不是創造性的。不過有的時候，堅強的意志可以強行造成某些物質事物的結合。

弟子：若意志力能造成某些物質事物的結果，那為什麼不利用它來達成目的？

智者：因為我並不想以這種方法發揮作用。僅憑意志力而製造出來的情況或條件是缺乏生命力的，所以當意志力一鬆懈，只靠意志力而存在的各種情況也將隨之消失。

弟子：透過堅強的意志力而勉強產生的事物遲早會消失，是因為它們缺乏生命力，或因為強制力放棄了它的堅持嗎？

智者：兩者都對，因為它們本身缺乏任何的真實生命，也因為支持它們的意志能量會退散。

弟子：我讀過許多書都提到意志的作用，那是什麼意思。

意志的行動或作用

智者：這要看你讀的是哪些種類的意志。意志是你心靈中的控制力，將你的想法維持在某個特定方向，直到圓滿達成結果。

舉例來說：假設你希望去某個地方，但若沒有去那兒的意志，你可能連啟程都做不到，更別說維持那個想法久到你能夠到達那兒。你一開始的方向是正確的，但後來因為想法中缺乏持續性的支撐力，也許就轉移到別的方向上了。

弟子：所以是意志將想法堅持到底，直到達成目標；或在一個人的心靈中維繫一個想法，直到它具體成形。那麼，它可以說是想法的穩定劑。

智者：就是這樣。是意志使相應於實現願望的創造力的心靈機能，能夠克盡其職。思想必定是具創造性的，如同我在我的著作《愛丁堡講學：心靈科學》第84頁裡所說：「如果把詞彙做最廣義的解釋，我們可以說，想像就是創造作用，我們可以把意志稱為中心準則，它的功能是將想像集中、並維持在正確的方向上。」意志在我們心靈裝置中的角色，就跟工具使用者在使用動力車床時是一樣的。依我所見，這就是意志。

弟子：您的說明十分透徹。意思是，無論成功或失敗都取決於一件事：心靈控制，而意志是控制的要素。

智者：意志的工作總是如出一轍，就是維持你的心靈機能，令它們做你要它們做的事。

弟子：假設我從事一項生意，但思緒沒放在工作上，反而期待假期，生意自然會遭殃。那我的意志會怎麼幫助我呢？

意志將想法堅持到底，直到達成目標；或在一個人的心靈中維繫一個想法，直到它具體成形。

做「意志練習」

智者：你所提到的例子，問題在於意志薄弱。你知道你的思緒應該放在生意上，但是意志卻太薄弱而無法做到。

你應該做意志練習來強化心靈能量，這些練習會幫助你將注意力集中在生意或任何你想從事的活動上。

弟子：假如一個人在做生意時把全部的注意力都放在做生意上，那麼之後他還能放鬆心情享受家庭生活和玩樂嗎？

智者：有訓練得宜的意志，你就能夠隨時挑選一個想法，貫徹到底，然後再放下它。之後只要你願意，可以再挑選其他的想法，然後重複同樣的步驟。簡單的說，就是你可以在工作的時候工作，在玩樂的時候玩樂。

弟子：這無疑是可行的。但對我而言，目前要做到這點似乎還太勉強，會遭遇到極大壓力。

智者：其實不然。訓練得宜、發展成熟的意志能夠維持任何你想要的情況，對神經系統不會造成任何壓力，而且事後不會產生疲憊感。

弟子：我從以前就一直覺得，要持續秉持一個想法，壓力是很大的，因為想法不會自然地停留在意識裡。

智者：這是意志薄弱的跡象，要透過意志練習來強化，剛開始的時候應該「用沉著、鎮定的決心來維持某種心靈態度，儘管一切的誘惑都與你作對，但是你知道藉著這樣的做法，想要的結果必定會出現」。

弟子：意志也具有智慧嗎？

發展成熟的意志，是智慧的傭人

智者：發展成熟的意志，是智慧的傭人。

弟子：這句話是什麼意思？

智者：在訓練意志的過程中，你會漸漸意識到一股巨大力量的存在，它在每一件所謂的物質事物的起始層面（也就是根本原因）上發揮影響力，這種力量就是宇宙的原始生存智慧。

因此，要簡潔明確的告訴自己，你想要什麼，確信地知道自己想要的必定會具體成為客觀存在的事件，因為你的意志能夠影響創造性（或原發性）的智慧，並促使它形成你已決定要形成的事物。

弟子：聽起來似乎沒那麼困難。我很確定一件事，那便是，我的整個環境就是我思想慣常傾向的結果。還有，當我知道自己應該把想法轉移到其他途徑上時，我沒有這麼做，只是讓那些想法走上最不費力的途徑，因為我的意志薄弱又缺乏訓練。您能告訴我，有什麼快速的方法可以補救這個缺失？

要簡潔明確的告訴自己，你想要什麼，確信地知道自己想要的必定會具體成為客觀存在的事件，因為你的意志能夠影響創造性（或原發性）的智慧，並促使它形成你已決定要形成的事物。

發展成熟的意志，是智慧的傭人。

鍛鍊意志，你就能獲得能量與追求的目標

智者：我會給你一些培養意志的練習，從那些練習當中，你可以再修改出適合自己需求的練習。首先，最重要的是要了解到，任何壓力或緊張的傾向，都是有害無利的，必須避免。這樣的練習不僅有趣，而且具激發性；努力不懈的練習，能夠防止你在追求目標的過程中鬆懈。那些練習會給予你新的衝勁、新的能量，以及相較於過去，變得更好、做得更好、更了不起的決心。

一旦你完全意識到自己的意志在心靈領域中的角色和力量，就能使創造性能量繼續構築你的願望，你會了解到，意志是非常容易訓練的，而且你絕不會再滿足於不持續使用意志的生活，因為那就好似過著不完滿的生活一樣。

弟子：我現在能提出一個問題嗎？我的鋼琴彈得很好，可是不喜歡練習，而且，就算我開始練習後發現自己樂在其中，但要養成練習的習慣，一開始的時候

總是困難重重。如果我逼迫自己每天在固定的時間練習彈鋼琴，那能培養和強化我的意志嗎？

智者：那會有幫助，但最佳的益處是使你變成一個更好的音樂家。強化你的意志的最佳方法，是只為了強化意志的目的而做的練習。記住，在做練習時，你所要做的努力在於自我訓練和自我控制，最終的目標是，你將透徹了解，你就是大宇宙整體的一部分。

經由這個方式，你會培養出沉著的專注力，雖然專注力是靠著意志的意識行為來維持，但它卻是心情寧靜的本質。有了發展成熟與訓練良好的意志，你的思想就絕不會缺乏這樣的認知：「萬物都有生命，一切盡歸美善；大自然，從她清晰可見的外表到她最隱晦難明的深處，都是美善的貯藏室。」

你擁有開啟她浩瀚藏寶室的鑰匙，在任何特定時間、特定地點，無論出現什麼最吸引你的事物，都是當下與你關係最深切的宇宙生存精神之形式。若能領悟這點，你就能從宇宙的生命能量流裡汲取能量，有了這種生命能量，就能過著愉快的生活，而從你的喜悅中散發出來的振動能量，能夠驅散所有會傷害你的啟發暗示。所以，這是培養意志的一個正當而充分的理由。

我的整個環境就是我思想慣常傾向的結果。

強化意志的練習

意志缺乏練習，便變得薄弱。訓練意志跟鍛鍊肌肉很像，是要循序漸進的。

只有意志能夠培養意志，因此，你要從你所擁有的意志開始，透過它對它自身的影響而發展以強化它。意志薄弱會展現在兩方面：過度的行為與未盡力的行為。前者如衝動、魯莽等等，後者如沉悶、遲鈍……

打從一天的開始，就下定決心凡事不要匆匆忙忙，今日事今日畢，這樣才好。若能從這個方向著手努力，其價值將是難以估計的。關於練習，你的腦子裡應該只有一件事——培養與強化意志。

你說你沒有改善彈鋼琴技巧的想法，那是因為你缺乏進一步的動機，而且如果一直缺乏任何動機，就不會想到意志訓練的事。

培養滿足感

培養你的滿足感，並且開始練習那種感覺，下定決心以快樂的心理去做這件事。這很重要。找一個最不可能發生干擾的日子開始做這項練習，連續七天，每天十分鐘。如果在練習期間發生干擾，就從頭再做一遍。如果在連續七天的練習結束前，有一天忘了做，就全部重新開始，要全程不受干擾的完成目標。

練習開始前，在你身邊準備好筆記本和筆。現在，拿五十根火柴，或小珠子、鈕釦、小紙片，或其他任何的小物體，然後慢慢的、隨意的一個個放入一個盒子裡，懷著滿足、愉快的感覺，每放入一次就宣示：「我要意志堅定。」

最重要的想法是：你是為了擁有訓練有素的意志的獨到優勢，而訓練你的意志；這就是為什麼你應該培養滿足感的原因。你能夠研究如何培養意志的唯一方法，是自我分析和反省。因此，當你完成練習時，用類似以下的問題問自己：

「我在做練習的時候，心裡是怎麼想的？我相信練習真的能培養我的意志，或只是因為有人教我，我才去做？我真的很專注的把火柴丟到盒子裡嗎？或者我比較關心它們的排列，又或者我因為其他壞的或好的想法而分心了？我是否不耐煩的看著時間，或者我把注意力放在形成愉快和滿足的想法上？我會感到壓力嗎？或者壓力就是這樣一擁而上？假如我確實的一直練習下去，時間久到足以證明練習的效果，我就相信練習真的能訓練我的意志嗎？」等等諸如此類的問題。

在你的筆記本裡記下一連串的問題和答案，你會發現，做這種記錄既有趣又能激發士氣，你就能看到自己的進步。

意志薄弱會展現在兩方面：過度的行為與未盡力的行為。前者如衝動、魯莽等等，後者如沉悶、遲鈍……

從意志練習中激發出興趣

你可以在練習中，藉著變更決定或意圖來激發興趣。也就是說，這一次特地抱持愉快的心情下定決心，下一次用積極強烈的心情，再下一次用沉著鎮定的心情，然後是滿足安心的心情……

在練習中含有反省暗示的這些變化是經過稍微改變的，就我所知，它們和意志訓練都取自最具權威人士的觀點。我有信心，這些練習會使我們獲得堅定、強勁的意志，以及成為善用意志的高手。

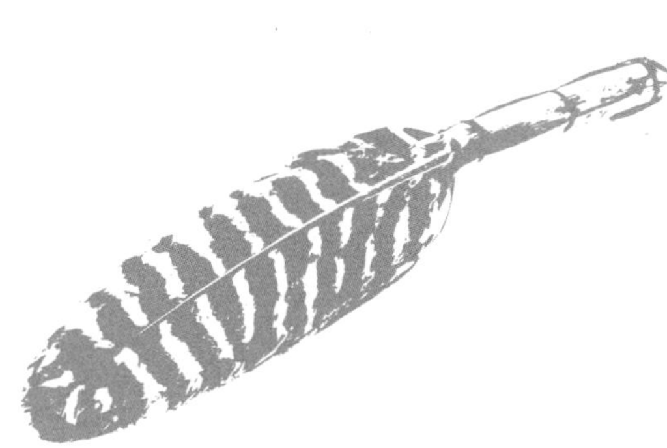

第四課

讓主觀心智為你效勞

「天地間最強大的力量，是潛意識的影響力。在潛意識與客觀身體官能之間的關連性若經過妥善訓練，便是開啟最富麗藏寶室——記憶與回憶的能力——之門的通關密語。擁有這樣的能力後，隨之產生的是自然的反省、願景、知識、文化和所有可能使人成為神的一切，儘管只是在萌芽階段。」

——愛德溫．鮑爾斯博士（Edwin F. Bowers）(註)

弟子：我對這個主觀心智的主題真的很感興趣，我確定我已經了解你對它的說明。

我已了解實現願望所需的一切，是仔細的思索出自己想要的是什麼，再刻意的把它放到我的主觀心智裡，然後它會立刻開始吸引實現它的具體或實質形式的相應方法和工具。

智者：主觀心智的研究，的確是一項引人入勝的主題。我也許能夠啟發和幫助你利用目前對你來說似乎仍然模糊、甚至神祕的概念，創造有效可行的現實。這樣做，會讓你把全副精神放在這些暗示性啟發上，而且唯有透過運用它們，才能達成目標。

弟子：您的意思是，藉著切實運用您的暗示性啟發，我就可以獲得不僅能幫助我、而且也能幫助他人的實用結果嗎？

智者：正是如此。在我看來，比起幫助或教導別人如何吸引到自己喜歡的東西，並從中獲得自信與自由感，一般人大多寧可直接給予對方想要的滿意結果。這樣做，當然會在施予的過程中得到樂趣，而受施者也會開心地得到施予，但結果往往會令獨立的精神枯萎凋零。

註　愛德溫．鮑爾斯博士：是美國替代醫學的支持者。他自稱是一名醫學博士，他在二十世紀初期以開創性反射療法而聞名。

弟子：假如我在我的潛意識中置入一個明確的想法，也就是所有人在他們的潛意識裡，都有透過自身努力而吸引到自己想要的東西的力量，那麼，這個想法就會出現在他們的潛意識裡嗎？

智者：以這種無限支援的客觀方式幫助他人，是很聰明的方法。

弟子：您曾經告訴我，有一種確切的方法可以把一個特定的想法刻畫在潛意識裡，您能再說明一遍嗎？

深入你欲望的內在精神

智者：這個過程與在所謂的理智中獲得一個想法，有很大的不同。最重要的是，必須深入你欲望的內在精神，以及盡力去放鬆心情和擁有自信，才能幫助你達到目的。「一件事物的內在精神，就是它在本質上變遷傾向的起源。」

舉例來說，假如你希望在潛意識裡刻畫滿足感的印記，就必須思索滿足的特質，然後看看那會對你產生什麼影響。如果在思索後得到的是放鬆與自信的感覺，你也許可以確定，自己的潛意識裡已經有那種想法的印記了。

這就是「深入滿足的內在精神」；你能夠深入它的精神，不僅是因為某些自然法則的關係，也因為你在這個特定的方向上，能認知到你內在的生命作用。

你有一整個供你汲取、利用的宇宙心智，一旦用自己的意念把想法刻畫在你的主觀心智中，想法的創造力就會變得無邊無際。這個例子適用於所有大大小小的事物。

弟子：既然我的主觀心智是宇宙心智的一部分，如果我在其中刻畫了一個想法或欲望的印記，那麼這個印記會自動傳遞到宇宙的主觀心智裡嗎？

智者：你的主觀心智在本質上與宇宙的主觀心智相同，兩者的關係密不可分。要了解，主觀心智絕不是物質性的東西、而是從客觀心智那兒接收到印記。因此，你必須從自己想要的具體或實質東西上抽回你的想法，並且在心靈裡思索它的精神象徵，也就是它形體的實質來源。

如何做心靈形象的觀想並將它具體化

這一切對你來說也許有些複雜，因為這是一種無形的思想研究，而非有形的研究。但隨著我們課程的進行，你會越來越了解，它看起來其實相當簡單。我們對無形事物所知的一切，都是從看得到的、有形的層面獲得的。也許舉例說明會讓你有比較清楚的概念，讓你知道你的內在無論何時或何地，都是自然地繼續存在於宇宙中，而且是一切的支撐力。

首先，你必須盡力了解到，你自己就是純粹的精神，它的本質是良善的。純粹的精神就是純粹的生命，自然的，它所能渴望的唯一事情，就是不需透過形體來展現更多的生命。因此，「你的意圖越純綷，它被置入到你的潛意識裡的速度就越快」，然後你的潛意識會立即把它傳遞到宇宙心智中。

舉例來說：假如你想要一棟房子、某種樣式的椅子、一筆錢、或任何東西，首先應仔細思考，你想要的東西會怎麼來？思索那個東西的原發精神，會開啟你在特定方向上運作主觀意識的創造力（它與所有既存的創造性能量都有接觸）。

假設你想要的是一棟房子，你會回歸到它的原始概念上。房子的概念來自於

必須深入你欲望的內在精神，以及盡力去放鬆心情和擁有自信，才能幫助你達到目的。

對庇護、保護和舒適的需求，然後從這些原始的欲望當中，形成我們現在的住所。所以，你接著要在自己的意識中，先構築一棟房屋，並且對它只抱持和諧、積極的想法。這種思考方式（或構築方式）會為你的主觀心智提供觀想所需要的明確材料，而且由於它能夠順應啟發暗示，再加上它原有的創造力，因此它會一直運作下去，直到最後使你對房子的想法成真。

弟子：如果我認真誠摯的渴望某種形式的家園，應該怎麼進行？

智者：首先你要在你的主觀心智中，對於想要的那種房子形成一個清楚的構想；一層、兩層、或三層樓；房間的數量和大小；幾扇窗和幾扇門；簡而言之，你要在心靈中描繪出房子完整的模樣，包括屋內和屋外。繞著屋子走一圈，檢視一遍它的外表，然後進門，仔細地從天花板到閣樓，把所有細節好好的檢視一遍。然後放下這個願景，並且好好思索房子的精神原型。

弟子：我不太了解精神原型的意思。

智者：找出任何事物的精神原型的最簡單方式，就是問問你自己，那個東西要用在什麼用途上？它代表什麼？換句話說，它存在的目的是什麼？就像我們之前說過的，房子是提供庇護、舒適和保護的場所，我們可以將它稱為庇護所。

弟子：那麼，如果我想要一間房子（一個真正的家園），而且我似乎要由一般的方式取得，那麼我會把這個欲望刻畫在我的主觀心智裡，方法是想像出我想要的房子類型，再加上關於它提供庇護、舒適和保護的想法，然後在心靈中居住在那樣的情境裡；同時，為了營造「純粹意圖」的心靈氛圍，我不允許不和諧的想法，像是憤怒、嫉妒、懷疑、恐懼……反之要運用愛、歡樂、美麗與和諧的想法。這是不是就等於居住在我心靈的住所裡？我是不是就能期待看到這個想法具體實現為一個實質的家園？

假如你希望在潛意識裡刻畫滿足感的印記，就必須思索滿足的特質，然後看看那會對你產生什麼樣的影響。

房子所代表的意義

智者：是的，你可以。因為每一件具體或實質的事物，都是一開始先存在於意識中的想法的結果。這些想法在本質上是普遍性的，但因透過你的心靈想像和全神貫注的努力，去抑制關於生命定律運作的想法而特殊化。倘若能堅持不懈這種思想構成的習慣，就能開啟一條使心靈想像具體實現的道路，無論那個觀想是什麼，在這個例子裡是房子。房子是需要庇護、舒適、保護和維持生計的結果。

弟子：以前我從未想過一棟房子真正代表的意義，但在你教過我它的原型是關於舒適、庇護和保護的概念後，現在把它想成是這些內在原始想法的具體化事物，似乎是相當自然的事。

現在，如果我害怕某種外來的侵襲並且想保護我自己，我自然的反應會是進到屋內、栓上門窗。當然，這麼做也許並不會每次都給我帶來安全感。那麼，真正受到保護的感覺要從哪兒來呢？

生活在保護感之中

智者：在你能夠栓上門窗以抵擋惱人的入侵或逐漸逼近的危險之前，首先必須有一棟讓你進得去的房子。在擁有你所需要的庇護所之後，光是一棟房子恐怕還不能提供完整的保護。

保護感是透過「你受到生命萬能、永恆、智慧力量的保護」的知識，而建立在你的內心。當然，如果你知道自己充滿生氣，這層了解帶來的，是無論鎖上門或加裝鐵窗都不能提供的一股安全感。

弟子：如果人能一直活在受到保護的想法裡，那真是太棒了！

智者：我們的旅程就是為了這個目的。如同我們之前所見，在人的心靈裡有一種力量使他能夠接觸到神和宇宙精神的無限力量，他因此被包圍在這股力量之中。最令人滿意和舒適的可能感覺，就是人從內心由衷感受到得到保護的感覺。

每一件具體或實質的事物，都是一開始先存在於意識中的想法的結果。

弟子：我了解了。一個人應該盡力在心靈中持續保有關於真正自我的啟發性暗示，那才是自己真正的保護盾；那種自我與所有生命及所有智慧共存，不僅保留給所有人，也提供給所有人。

再回到房子的話題。假設我們要具體實現或展現關於庇護和保護的渴望或需求，那麼，達成它的必要步驟會是深入生命的理智保護精神，然後這個精神會吸引使房子或任何最需要、最想要的庇護所具體實現的必要條件，對嗎？

智者：從心靈進入生命那易於塑造的創造力精神，它會採取任何由你的渴望透過心靈想像或觀想而給予它的特殊形式，我們在這裡所談到的房子，只是一個例子。

弟子：我了解。現在，假設一個人想要更多錢或更健康，這兩者的原型是什麼？

智者：一個人若能發現自己的原型，是再好不過的事，讓我們利用我曾給過你的建議來討論。

金錢代表的意義是什麼？人們使用它的目的是什麼？以我而言，我發現金錢的原型是物質，而我實現得到金錢的方法，是以心靈想像我在某個特定目的上所需要的金錢總數，無論鈔票、支票或匯票，只要是看起來最自然的形式都可以。

在做了清晰、明確的想像之後，將我對金錢的願景擴大成生命物質的象徵，然後運用在我想使用的方向上。我相信，金錢是我們今日在具備建設性交換機制上最重要的要素。

在人的心靈裡有一種力量，使他能夠接觸到神和宇宙精神的無限力量，他因此被包圍在這股力量之中。

如何培養健康與和諧

在金錢的例子裡，你的心靈裡牢記著生命物質無所不在的事實。的確，那是一切事物的開端，無論它採取的形式是想要的金錢總額或其他東西。

如果想要身體健康，需要盡力維持思想上的和諧，並且在心靈中想像自己安康、在日常生活中做著一般健康的人會做的有益、快樂事情，也要想像自己了解內在的原發性生命原理，必定會為了創造和諧的健康結果，而對自我身心發揮和諧的作用。

弟子：那麼，在實現健康的願望上，最主要的重點並不真的在於心靈想像，而在於有一個切確的中心控制著想法，無論環境或表相如何，這個想法真正存在於精神原型之中，是生命與健康的來源——「精神之父」——神，祂完美無瑕與和諧的表達。

智者：一點兒也沒錯，而且在你訓練意志時會給予你幫助，守住你的願景，使願景牢牢札根在你所想事物的精神原型中。心靈願景可以說是你種下的種子，而你最頻繁運用的思想特質，會把它刻畫在潛意識中，並使創造性能量開始將自身塑造成你心靈願景的模樣。

弟子：那麼，生命的唯一創造力便是主觀心智，它將被刻畫在它身上的想法，具體地重現於外在或物質層面上。我可以想像得到，這項了不起的事實所開啟的可能性有多驚人，只要有人可以驗證它的話！

智者：若要持續得到良好的結果，你就必須對自己正在處理、與這個未形成且高度可刻畫成印記的力量的關係有適當了解。「千萬別試圖說服自己相信，你所知道的並非真相。」除非你的信念是建立在堅信不移的穩固基礎之上，否則絕對無法實際的運用它。

弟子：這個堅信不移的穩固基礎，要怎麼才能永久的建立起來？有時，今天我對它感到肯定，但明天的我，信心似乎又如同槁木死灰，然後就再也無法讓它死灰復燃了！

心靈願景可以說是你種下的種子，而你最頻繁運用的思想特質，會把它刻畫在潛意識中，並使創造性能量開始將自身塑造成你心靈願景的模樣。

將創造性力量運用在具建設性的用途上

智者：當你把創造性力量運用在建設性、而非破壞性的用途上，就等於無條件的同意擁有這份力量。記住，創造性能量只有一種運作方式，那就是從宇宙心智到你的主觀心智、再從你的主觀心智回到它的根源（也就是宇宙主觀心智）的互惠作用，而且這個根源必定會積極的回應於你的想法（是你的想法於最初製造了創造性能量）。

你最重要的目標，應該是說服自己不可動搖的堅信，這整個世界早就存在著原發性精神，也正是你個體的根本基礎。

因此，這個原發性精神是「早已準備好的基礎，要透過你來延續它的創造性作用」。一旦你提供了這些想法的管道，會發現自己擁有無窮無盡的再生力量（使想法重現於物質世界）。

弟子：假設我無異於一般人，總是願意因好事而接受讚揚，但不願承擔不幸事件的責任，而把一切歸咎於他人或我相信屬於自己無法掌控的情況之上。我要如何克服這種惡劣的天性呢？

智者：我只能重申，方法是堅決努力的記住，唯一的創造性力量只有一種運作方式，那就是個體心靈與宇宙心靈間的互惠作用。一切的起因只有一個，那就是宇宙的主觀心智，而你自己的主觀心智是它的一部分。

為了透徹了解這一點，你必須把自己的潛意識與無限整體的實際關係，持續刻畫在你的潛意識中。讓你的每一分思緒、每一分感覺，都與你內在最好的一切產生順暢的聯繫。有句古諺中自有真理：「汝心之所見即是汝；汝心中有塵便是塵；汝心中有佛便是佛。」

創造性能量只有一種運作方式，那就是從宇宙心智到你的主觀心智、再從你的主觀心智回到它的根源（也就是宇宙主觀心智）的互惠作用，而且這個根源必定會積極的回應於你的想法。

想著自己就是想成為的人

弟子：我想，也就是說，法則是永遠不變的。我所秉持的想法會變成心靈和物質層面中的事實。所以，為了變成我想成為的人，我必須抱持我就是那種人的想法，是這樣嗎？

智者：沒錯，要努力在心靈中維持你的願景。

弟子：就像您用房子舉的例子一樣，它最初的概念是需要保護，而與任何的物質形式都沒有關係嗎？

智者：需要保護是維持生活的固有特質，因此它無所不在，隨時可以變成任何的表現形式。

如果你了解那個想法的精神，會看到相應的結果呈現的速度有多快。因為你內在主觀心智的特質與「遍布全宇宙，使你周圍廣大的自然形式產生、也令你變得存在」的特質是一樣的，所以實際上它就是你個體的支持者。如同我之前說過的，你個體的主觀心智是這個偉大主宰中的一部分。了解這一點，能夠使你透過自己思想的力量，來創造物質結果。

弟子：我在看《愛丁堡講學：心靈科學》時就領悟到這個道理，你在書裡說：「一個人應該把他個體的主觀心智視為絕對性的器官，把他的客觀心智視為相對性的器官。」我永遠也不會忘記這個論述。

我所秉持的想法會變成心靈和物質層面中的事實。

培養保護的想法

智者：絕對性的想法是事物的開端（或核心），不管它透過什麼樣的形式表現出來。例如，保護的純粹想法存在於生命本身（是與生俱來的特質），而與為了保護的目的而建造的房子或任何建築物一點關係都沒有。

弟子：那麼，把這層關係的想法暗示給那個獨立存在的絕對力量，是我的客觀心智或智慧囉？

智者：確實如此。而且如果能一模一樣的重塑出你剛剛所表達的想法，一遍又一遍的告訴你的潛意識說，它就是那個唯一的創造力，必定會使被表達給它的想法形成相應的具體形式，那麼你將能體會到成功的喜悅。

弟子：我的感覺如同霧裡看花。難道沒有一個方法可以培養出更敏銳的辨別力，以判斷如何喚醒潛意識，使潛意識能夠更迅速的回應？

智者：我曾經寫過一封信回應類似這樣的問題，我很樂意提供你一份複本。那封信的收件人認為信的內容非常有助益，甚至把它做成了手冊，但現在已經絕版。在我看來，我在那封信裡主要說的是：「別嘗試！」

弟子：為什麼？我以為即便遭遇困難，「嘗試」應該是我最需要做的努力！

一個人應該把他個體的主觀心智視為絕對性的器官，把他的客觀心智視為相對性的器官。

金玉良言——智者的信

「在此答覆你關於『如何喚醒主觀心智的更敏銳辨別力』，我的答案是『別嘗試。別嘗試將事物變成不是它們原本的樣子』。主觀心智是主觀的，只因為它位於意識的基礎之下。它是身體的建築者，但是我們看不到、聽不到、也感覺不到它在建構著。

你只要在自己的理智中維持一個平靜、鎮定的期望，期待主觀心智的運作一直與你心智的慣常思想一致……然後主觀心智就會順其自然的發展與處理。

接下來的問題是，如何將有意識的想法維持在生活歡樂與振奮的趨勢裡。我的答案非常簡單，但也許想法很老套。那就是，不斷的仰望上帝。別在理論上費心，要試著理解宇宙的天道精神永不停息地流經一切事物的道理：流經感官不易察覺的東西而成原子能；流經動物而成本能；流經人而成思想。

倘若事實如此，那麼你要展現神的力量，這件事就會與你對神的慣常想法一致。默想天道精神是生命、光、智慧、愛與力量的不斷流動能量，你會發現，這個能量將以各式各樣的方法流經你的心靈和物質層面，並且展現於你個人的事務之中。

這個能量流不由你創造，但你要準備能觸動它、使它輕輕淺淺或強勁地流貫環境。你要以在光明（上帝就是光明）中追尋的心靈態度，從內在準備環境，並期待能因此獲得生命與啟發。至於外在所要做的是，不否定你在工作中試圖在思想上秉持的信念——對你而言，喜悅的單純法則就是你所能享有的一切，適度為量；推己及人，則是同樣單純的正直與仁慈法則。

你只要在自己的理智中維持一個平靜、鎮定的期望，期待主觀心智的運作一直與你主觀心智的慣常思想一致……

我知道你從小就聽說過這些事情，但我們所希望的是：去了解我們與內在建構力量的連繫。這個聯繫就是：生命精神。因為它流經你、變成你，而且流入你內在的部分就是你所汲取的岔流，就像水流經水管，順著管子而成管狀，它藉著你的思想而成形。它極度敏感——那麼，純粹的生命原理本身又應該要多敏感呢？好好想一想，思考再思考。以親切、深愛、忠誠的心情，將它視為令人愉快的伴侶，它就會做同等的回應。將它視為躍動的光芒，持續流經內心並且賦予你活力，它就會做同等的回應。

假如你問為什麼它會這麼做，答案是，因為它是你真實自我的無限性。試圖分析天道精神，只會使光明變得黯淡，因為你無法剖析上帝。不過，剖析上帝不代表不切實際，反而是深入了真正切實的基礎。只是，我們平常都有自己的事要處理，相信我，只有科學方法才能使關於上天的一切真相大白。

那麼，你所要抱持的想法是，擁有在天道的明燈中看見事物的欲望，讓關於那件事的想法默默成長，然後你會看見它出現在適當且真實的光明中，無論那件事物是什麼。當你看過事物的真實樣貌之後仍繼續前進，並依據愉快、溫和、正直及仁慈的四項原理來處理。別擔心，事情別勉強為之，讓它們順其自然的發展，因為透過你對精神能量流的認知，就能提供所需要的環境，而生命就是會使想法正確成長的明燈。

別為了主觀心智和客觀心智而傷神，也別管任何種類的理論或關於理論的描述，包括我的或其他任何人的。只要依照我所說的去做，並且嘗試六個月，我想你會發現自己已經掌握了發揮作用的力量。說到底，那才是我們所想要的。

我在此總結：自然地與上天的精神共存，別擔心。記住，你與上天的精神是一體的，這種事情很自然。你也許會說，這樣的解釋太簡單。唔，因為我們不想牽涉不必要的複雜。試著實踐這個理論，並且讓它順其自然的發展，你不能只憑讀書就想找到生命的精神。」

智者：來自世界各地的許多人，都曾寫信問過我你所提問的事。曾有位來自紐約的女士寫信要求我為她說明，我在手冊中所說的「生命精神變成你」到底是什麼意思。我想你或許會想看看我的答覆，所以我帶了一份複本給你。

弟子：非常感謝您。我能保留這些信件嗎？

智者：當然。

擁有在天道的明燈中看見事物的欲望，讓關於那件事的想法默默成長，然後你會看見它出現在適當且真實的光明中，無論那件事物是什麼。

大師的信

「關於我在那份主觀心智的手冊裡所提到『生命精神變成你』的字句，我真的找不到其他任何能更清楚表達我意念的話語。我的意思是，生命精神在一隻貓身上，它就變成一隻貓；在一顆甘藍菜裡，它就變成甘藍菜；但是在人身上，由於人是有意識、活生生的智慧個體，所以它就變成有意識、活生生的智慧個體。假若事實如此，那麼，既然生命精神是無限的，你便可以用禱告和沉思的方式從它那兒汲取更多的生命智慧。換言之，一切都取決於你對它認知的模式。

在你引用的句子裡：『它極度敏感……』我所指的不是水，而是生命精神。我的意思是，假如我們內在的潛意識對於暗示很敏感，也就是說創造性原理對於暗示很敏感，那麼產生創造性原理的地方（創造性原理從你的思想中成形）就更是如此了。但你必須記住，那份手冊不是寫給大眾的。它只是一封私人信件，而且從未有人找我商量過將它發行成手冊，否則，我會在遣詞用句上更謹慎。

供給與需求是一個相當廣泛的主題，但最終你們都會回歸到耶穌的訓示上：『有問必有所得。』我們可以在這個主題上寫好幾本書，但最後的結論終歸於此，結果是，我們繞了一大圈卻一無所獲。我看到越來越多的情況是，耶穌的學說成了所有寫那些主題的書想要教導的最終論據。最後，我們必須放下所有論述的工具，然後回歸到祂所主張的研究方法上。所有《聖經》的緣起，都是依據你心靈組織中的天理知識為基礎。而且，只要透過對它的信賴，我們就能提供一個讓宇宙創造性力量穿越的中心，它在這個中心裡會依據我們對它的認知而起作用。「它根據你的信念而對你發生作用」，我們的信念就是我們真實的想法。如果我們真實的想法是期待疾病與貧窮，那麼就會開啟通往疾病與貧窮的一扇門。《聖經》的整個目的，是要引導我們的思想（也就是我們的信念）走上正確的道路，而不是要我們反其道而行。

由於《聖經》是我們思想的基礎，所以它給予我們承諾。讓你的信念緊緊依附著這個承諾，無需傷神去論辯。你越是論辯，信念就越依附著你自己的論點和你對法則的理解。在這樣的邏輯下所產生的後果是，你依據自己所認為的正確論辯和精準知識而實現你的願望，所以結果是，你完全依據你自己而成就你——你是個『非前進者』，只是在原地打轉而已。

從另一方面來看，只要相信上天的承諾，把整個運作都交給天道精神（你的主觀心智），如此你才能擁有期待的堅實基礎；而且透過樂於接受的心靈態度，你會成為神的『同事』。你允許所有創造性的精神穿越你、進入你、並為你運作。這就是聖保羅在他的書信裡一貫秉持的概念，在他所有的書信裡都指出仰賴法則的缺點，以及信仰承諾的力量。

我認為，這也是耶穌的意思，當他說：『沒看見就信的，有福了。』

我希望這些談話對你有幫助，但我懷疑，這個觀點會怎麼吸引一個美國人，而這是另一個我懷疑自己要不要來訪的理由。我越是想著這一點，我就越不想把『供給』、『健康』以及所有常見的新思維話題，變成一套像數學公式那樣的機械性主題。你的整個目標就是要擺脫它，但它只是把負擔再拋回去給你。

這又是伊甸園的誘惑那一幕——知識樹，信賴自己所取得的知識；在生命樹上——信賴上帝的本質和他想透過我們，以及在我們身上表現的欲望，這就是所有承諾的意義。前者看起來較聰明，但其實不然。後者看起來較幼稚，但卻是所有法則的實現之道，而且生命本該如此。

如果你從這個觀點來看事情（我相信這才是正確的），你要為『建築者學派』選取的典範將會是『被建築者拒絕的石頭，變成了絕境中的首領』。例如，金字塔及其頂端的石頭——和我們西敏寺最高處的石頭——當然，還有至高無上的基督。不過，也許得到指示的建築者不會拒絕這顆石頭。相反的，他們會在建築寺廟時，用它作為基石和頂點。你還記得，聖保羅是怎麼稱自己為明智的大師建築者吧？

我到美國教這些事情，也只是自五月花號抵達之後的另一種教學形式，對我來說有任何用處嗎？當然，我可以談論振動能量、神經系統、金字塔等等，以及自然法則的運作，不過創造性原理又是另一回事。

只要相信上天的承諾，把整個運作都交給天道精神（你的主觀心智），如此你才能擁有期待的堅實基礎。

『一個崇敬上帝的人和向大自然學習的學生』，是我們古老的思想家這麼稱呼自己的方式。神把自己的力量授予人類，人類接受後再把這份力量運用在大自然上；真實的秩序就是這樣。

共濟會的五角星符號，其象徵的意義之一是，一切都會回到它的起點。開始於三角形的頂端，沿著周圍的線繞一圈之後又回到頂點。那麼，如果你的起點在天堂，你最後會回到天堂和上天的力量裡，才得以擺脫負擔。但如果你的起點在地上（也就是你自己對法則的知識），根據倒三角形的路線指示，你最後會回到地上。

你會發現，上帝承諾人有掌握大自然、環境等等的力量，這些都完整的收錄在馬可福音 11:22-25 裡，沒有任何學說可以給予人們那麼多的指望。」

上帝使一個偉大的心智成熟

弟子：你為我呈現和闡明多年來我費盡千辛萬苦一直想了解的真理，我找不出任何話來表達我所感受到的這份殊榮。上帝必定已賜予您成為當代最偉大的心智之一。

智者：你過獎了，在像我這樣的人之中，還有許多人比我懂得更多。然而，對於我自己，我很肯定只有一個神，神和人是一體的，我的心靈是天道運行的中心——這件事本身就是神的恩典了。

已有許多書在這些主題上有所著墨，這些道理都很簡單。

弟子：我知道這些對你來說很簡單，但對於在確定與不確定之間掙扎的我們而言，能在確定的基石旁坐下來聆聽，卻是罕見的福氣。

智者：我很高興這些課程對你有所幫助。我真的很開心能與你交換一些想法，我知道當你認為有人需要時，會把這些觀點傳遞給其他人。在我看來，你現在要為自己建造一個「相信上帝和上帝力量在你內心」的絕對信念（也就是你的主觀心智）基礎和堅實的結構，而你已擁有建造所需的一切材料。這份已確立的知識，給予你支配一切逆境和情況的掌控權，因為你意識到自己與無限供給的聯繫。「唯有相信內心的神，一切事情對你而言才有可能。」